华章经典·金融投资

股票投资的 24堂必修课

24 ESSENTIAL LESSONS FOR INVESTMENT SUCCESS

| 典藏版 |

[美] 威廉·欧奈尔 著　王茜 笃恒 译

华章经典·金融投资

股票投资的24堂必修课

24 ESSENTIAL LESSONS FOR INVESTMENT SUCCESS

|典藏版|

［美］威廉·欧奈尔 著　王茜 笃恒 译

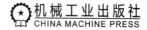

图书在版编目（CIP）数据

股票投资的 24 堂必修课（典藏版）/（美）威廉·欧奈尔（William J. O'Neil）著；王茜，笃恒译 . —北京：机械工业出版社，2018.7（2024.11 重印）

（华章经典·金融投资）

书名原文：24 Essential Lessons for Investment Success

ISBN 978-7-111-60232-3

I. 股⋯ II. ①威⋯ ②王⋯ ③笃⋯ III. 股票投资 – 基本知识 IV. F830.91

中国版本图书馆 CIP 数据核字（2018）第 121122 号

北京市版权局著作权合同登记 图字：01-2012-7566 号。

William J. O'Neil. 24 Essential Lessons for Investment Success.
ISBN 978-0-07-135754-8

Copyright © 2000 by McGraw-Hill Education.

All Rights reserved. No part of this publication may be reproduced or transmitted in any form or by any means, electronic or mechanical, including without limitation photocopying, recording, taping, or any database, information or retrieval system, without the prior written permission of the publisher.

This authorized Chinese translation edition is jointly published by McGraw-Hill Education and China Machine Press. This edition is authorized for sale in the Chinese mainland (excluding Hong Kong SAR, Macao SAR and Taiwan).

Translation copyright © 2018 by McGraw-Hill Education and China Machine Press.

版权所有。未经出版人事先书面许可，对本出版物的任何部分不得以任何方式或途径复制或传播，包括但不限于复印、录制、录音，或通过任何数据库、信息或可检索的系统。

本授权中文简体字翻译版由麦格劳-希尔教育出版公司和机械工业出版社合作出版。此版本经授权仅限在中国大陆地区（不包括香港、澳门特别行政区及台湾地区）销售。

版权 © 2018 由麦格劳-希尔教育出版公司与机械工业出版社所有。

本书封面贴有 McGraw-Hill Education 公司防伪标签，无标签者不得销售。

股票投资的 24 堂必修课（典藏版）

出版发行：机械工业出版社（北京市西城区百万庄大街 22 号 邮政编码：100037）

责任编辑：杜若佳　　　　　　　　　　责任校对：李秋荣

印　　刷：北京虎彩文化传播有限公司　版　　次：2024 年 11 月第 1 版第 14 次印刷

开　　本：170mm×230mm　1/16　　　印　　张：12.75

书　　号：ISBN 978-7-111-60232-3　　定　　价：45.00 元

客服电话：(010) 88361066　68326294

版权所有 • 侵权必究
封底无防伪标均为盗版

前　言

这些年真可称得上是投资者的黄金年代。很少出现持续时间如此之长、涨势如此迅猛的牛市行情。但是，数百万名投资者仍然没有进场，眼睁睁地看着实现财富增长、保障经济安全的大好机会从手中溜走。

这真是太可惜了。大多数人知道社会保障无法满足我们的退休需求，我们需要比以往任何时候都多的额外收入来源，以保障适当的生活水准。除此之外，我们还面临着获得财务自由和安全的真正契机。那么，为什么没有更多的人利用这个大好的投资机会呢？

信息匮乏已经不再是借口了。有了互联网，个人投资者能获得的信息量前所未有，但是人们又面临着一个新的挑战：如何将真正相关的信息和铺天盖地的观点、个人偏见及广告信息区分开来。

24堂课的与众不同之处，在于它们是以对过去45年股市走势的全面研究和剖析为基础，这些研究找到了股市真正的运作原则，发现了那些无论市场局势和主流观点如何变化都一次又一次被证明有效的原则。

我们针对 1953 年以来每一年的龙头股建立了模型，这些股票的股价都翻番甚至增长了十几二十倍。我们一直并且将继续分析关于这些股票的所有信息，找到它们在股价大涨前所具备的共同特征。经过这项研究，我们发现了七项年复一年地在每个周期都始终存在的共同特征，其中的某些特征可能会使你感到意外。也就是说，你即将阅读并学习的信息不一定和你此前听说过的或者坚信正确的信息一致。

本书的各个章节将带你了解这七项特征。此外，你还将具体了解该何时及如何买卖股票，如何读图，如何确立投资理念、管理投资组合。

根据我的经验，恐惧和犹豫是通往成功的最大障碍。如果你还没有开始投资，我希望本书能让你具备牢固的基础知识，并获得一试身手的勇气。如果你有一定的投资经验，本书将帮助你获得更好的业绩。它还能让你了解自己此前为什么错过了某些大牛股，或没能在适当的时候锁定获利。

祝你不断学习，取得更大的成功！

威廉·欧奈尔

致 谢

没有团队合作以及众多人士的辛勤付出和贡献，本书不可能最终到达读者的手中。我特别想感谢 Leila Marsden Barth、Heather Davis、Chris Gessel、Hilary Kircher 以及 Jewell Maddox 对本书做出的重大贡献，以及他们独特而令人称赞的才华。我对他们表示衷心的感谢。

| 目 录 |

前　言
致　谢

第1课　投资者在进入股市前必须了解什么 /1

第2课　开始行动：机不可失，时不再来 /7

第3课　遵守规则，不要被情绪左右 /15

第4课　基本面分析还是技术分析 /21

第5课　关键技术面指标：利润和销售额 /27

第6课　股价相对强度：一个关键的技术工具 /33

第7课　通过行业了解个股 /39

第8课　成交量和机构持有的重要性 /45

第9课　如何在正确的时间点买入 /53

第10课　股票价格形态如何带来巨额利润 /61

第 11 课　如何像专业人士一样读图 /69

第 12 课　如何评估大盘状况 /77

第 13 课　如何捕捉市场顶部 /83

第 14 课　如何捕捉市场底部 /91

第 15 课　系统选股方法 /103

第 16 课　如何发掘新的投资理念 /109

第 17 课　成长投资 vs. 价值投资 /115

第 18 课　不要试图面面俱到 /121

第 19 课　如何配置投资组合 /127

第 20 课　投资者必须掌握的重要卖出法则 /135

第 21 课　投资者必须掌握的其他卖出法则 /141

第 22 课　如何通过投资共同基金大赚一笔 /147

第 23 课　保持阅读的习惯 /155

第 24 课　最大限度地利用在线资源 /163

附录 A　如何从成功模型中汲取经验 /169

附录 B　投资者的成功和失败案例 /175

推荐读物 /180

词汇表 /181

作者简介 /191

译者后记 /192

| 第 1 课 |

投资者在进入股市前必须了解什么

在 1984 年创办《投资者商报》之前,威廉·欧奈尔已在股市纵横驰骋了 25 年,做过个人投资者、股票经纪人、投资顾问,还拥有一家为全球几乎所有大型机构投资者提供服务的经纪和研究公司。他 22 岁从南卫理公会大学毕业,结婚后便加入美国空军,之后开始对金融感兴趣,并迈出了投资生涯的第一步。同时,他开始阅读大量关于股市的书籍。欧奈尔认为,杰拉尔德·勒伯的《投资存亡战》是最经典的一本书。我们的谈话正式从这里开始。

投资者必须了解的最重要的一点是什么

勒伯是一位德高望重的投资大家,他主张积极止损。对我而言,这是第一大原则。你永远要记得保护自己的账户,特别是对使用保证金的投资者而言,止损绝对是最基本的。

不论你是投资新手,还是有一定经验的投资者,最难的一点是明白自己不可能每次都对。如果做不到快速止损,你迟早会蒙受巨大的亏损。我认识七位高智商、高学历、年龄在40多岁的朋友,正是因为使用保证金却又不懂得止损,他们最终被淘汰出局。智商、学历、以自我为中心、固执和骄傲是遵循止损原则最大的天敌。

问题是,在买入某只股票时你总是希望自己能赚到钱。卖出股票、割肉止损会让你受到心灵的煎熬,承认犯错总是如此艰难。你情愿选择等待,寄希望于股价反弹。

更令人郁闷的是,当你做到坚决止损时,有一半的概率市场随后的确会出现转折,股价转而反弹。此时你会更加绝望。你会得出结论,出售股票、割肉止损是错误的做法。

如何看待亏损非常关键。根据历史经验,大多数投资者会在此处犯错或者没有弄明白这一点。

请自问以下几个问题:你去年是否为房屋购买了火险?你的房子

出现了火情吗？如果没有，你是否因为自己把钱浪费在火险上而懊恼不已？你明年是不是不会再买火险了？你当时为什么会买火险，是因为你知道自己的房子肯定会发生火灾吗？

肯定不是！你购买保险的目的是防止自己蒙受某些巨大的损失，虽然出现这种情形的概率很小。股市止损就是同样的道理。

如何定义止损位

勒伯把止损位定在亏损10%，对大多数新手而言，这是个不错的原则。但如果你通过图表分析更精准地确定了自己的买入时点，我建议将止损位设在买入价下方7%或8%的位置，这样，你相当于交很少的保费让自己免于蒙受可能出现的巨大亏损。

如果到股价大跌50%之后才去止损，这意味着股价翻番后你才能收回成本。那么请问，你买到翻倍股的概率有多高？

获得投资成功需要多长时间

形成投资体系大概花了我2～3年的时间，这个过程无法一蹴而就，相信对大多数人而言都是如此。随着时间的推移，你的选股能力会逐渐加强，股价跌至止损位的概率也应该会大幅下滑。此外，这些小幅的亏损将会被某些大幅上涨的股票抵消。

请将一定量的、控制在小幅范围内的亏损视作自己迈向金融市场的学费。大多数人认为对大学学位的投资是明智的决定，人们并不认为这是在浪费钱，因为他们相信更高的学位有助于自己在未来取得更大的成功，从而让自己得到回报。股市投资不也是一样吗？

不积跬步，无以至千里。一个人不可能在三个月内成为一名职业球员，同样也不可能在短时间内成为成功的投资者。成功人士区别于他人的唯一特点就在于决心和坚持。

有时你必须要坚决

我曾经连续对10只股票进行止损，但不久后大盘摆脱了下行趋势，我尚未出售的一只股票的股价变成了两倍多。我常常在想："如果我因为此前买入的10只股票都没有成功而失去斗志彻底清仓，情况会是怎样呢？"

最棘手的地方在于让自己的投资决定，如止损决定，摆脱情绪的干扰。因为股价跌了8%而被迫卖出几周之前买入的股票，这种感觉并不好受。我们会想方设法捍卫自己买入股票的初衷，找出各种理由在亏损的情况下继续持有股票。

但是我们无法预见未来。如果每次都想着"可能可以""应该可以""会可以"，那么我们将陷入困境。

你买入股票的时间可能是上周或上个月——不是今天。今天的情况已经全然不同，你必须让自己避开巨大的亏损，这种情况可能出现在每个人身上，必须确保自己明天还有本钱继续投资。

为什么把止损线设在 8%

如果在股价较成本价下跌 8% 的时候止损，你可以确保自己明天还能继续投资。我曾经见过有些人因为沉迷于某只股票，不能面对现实、承认错误，不能做出止损的艰难决定，最终走向破产或者失去健康。该止损时优柔寡断最终会让你赔大钱。如果希望继续从事投资，你就必然不希望出现这种局面。

如果你满怀不安，请记住"减仓到你能睡得安稳的地步"，这是帮助你减轻压力的最佳方法。你不必全部卖出，只需要确保自己晚上能够睡好。

如果你在买入价下方 7% 或 8% 的价位止损，在买入价上方 25%～30% 的价位出售小部分股票以锁定获利，结果可能喜忧参半，但你不至于陷入困境。

你应该长期持有表现最好的几只股票，以确保获利最大化。一定要记住，先出售表现最差的股票，而非表现最好的股票。

把每只股票的风险控制在何种范围内

根据上文提出的方法，不论买的是 AT&T 还是网络龙头股，你因任何一只股票所蒙受的风险都应该控制在 8% 以内，所以，为什么不把目标锁定在那些表现格外优异，在热门行业的特定领域独占鳌头，ROE、利润率、销售和利润增长势如破竹的市场领导者上呢？

· 小 结 ·

- 作为投资新手,要做好承担一些小损失的准备。
- 一定要在股价跌至买入价下方 8% 的时候止损。
- 学习投资时坚持最重要,不要灰心丧气。
- 你不可能在一夜之间成为投资高手,成功投资需要时间和努力。

| 第 2 课 |

开始行动：
机不可失，时不再来

在本课中，威廉·欧奈尔讨论了投资的第一步，如到券商那里开户、初始资金的规模及起步阶段应该专注于哪类投资等。

启动投资是否存在最佳时机

择日不如撞日。对大多数人而言，真正理解并学会成功投资往往需要花上几年的时间，所以着手实践、边做边学非常重要。你不应该等到自己技艺纯熟或到达一定年龄之后才开始投资。你会发现，多一点儿勇气和决心，在做过少量准备工作之后，就值得一试。

第一步要做什么

找一家券商去开户。这非常简单，就像到银行开户一样，其实只需要填几张表，不要害怕提问。

首先，要决定到提供全方位服务的经纪商还是折扣经纪商处开户。如果你还是个投资新手，全方位经纪商可能有助于你的学习，他们可以帮你答疑解惑。

不过，你必须知道，并非所有券商的市场表现都令人满意，因此选择一家好的券商至关重要。我建议你和营业部的经理谈一谈，告诉他你想开户，但是希望选择自营账户赚钱并为大多数客户赢得收益的券商。

就你考虑开户的券商做一些研究，了解经纪人看哪些书，提供哪些服务，他们的信息来源是什么，遵循怎样的总体投资理念。确定他们拥有优质的数据来源至关重要。他们是否订阅《投资者商报》？此外，经纪人是否在推销公司的新产品，或者他们是否真正对哪些产品适合你感兴趣？你必须确保所选择的是自己所能遇到的最优秀的经纪人。

如果你想选择折扣经纪商，我建议你不要考虑收取最低佣金（每进行一笔交易，经纪商从你账户收取的费用）的那一家。你希望获得的是优质的服务，而且服务来自一家能长久运营的机构。

是否存在多种不同类型的账户

我建议先开通一个现金账户，在积累几年的经验后再考虑开通能让你从经纪商处借取资金的保证金账户。

下一步

制订计划，每周至少花几个小时跟踪市场及你的交易。此外，在听取他人意见时要格外小心。大多数情况下，他人的意见不过是一家之言，而且很可能是错误的。

你应该开通图表服务，学会解读图表，但图表只会为你列出事实，而非观点。（第 9 ～ 11 课将就如何读图进行讲解。）

应该避免哪些投资

作为一名投资新手，你应该避开投机性最强的领域，如低价股、期货、期权及国外股市，这些领域的风险和波动性均较大。

就低价股而言，一分钱一分货。我情愿买 50 股每股 60 美元的股票，也不愿意买 300 股每股 10 美元的股票。机构投资者会将巨额资金投入每股 60 美元的股票，他们中的大多数人会避开低价品种。同时，本书后文会讲到，正是大型机构，如对冲基金、退休基金和银行，从事着市场上的大多数交易，并真正推动了股价波动。

你投入的都是真金白银。一旦买入特定数量的股票，就不可挽回。你希望将钱投到最优秀的企业，而非最便宜的企业。你选择投资的大多数好企业的股价应该在每股 15～150 美元。

首笔投资要投入多少钱

起步资金仅需要 500～1000 美元，然后从你的工资中积攒一些钱逐步添加到投资账户。最重要的是开始实践、积累经验。

模拟交易和投入真金白银真真正正地在市场上打响投资战役不是一回事。

有一个在交易员圈子里广为流传的老故事。一个即将上战场的军人吹嘘自己是射击高手，可以在 100 米开外射中啤酒杯的杯柄。他的同伴回应道："如果此时有一只上了膛的手枪对着你的心脏，你还能做到吗？"

模拟交易无法让你体验在投入血汗钱的情况下做出投资决策时所经历的渴望、恐惧、兴奋和贪婪。

应该持有多少只股票

如果资金规模不超过 5000 美元，你持有的股票数量就不能超过 2 只。如果资金规模为 10 000 美元，2～3 只股票比较适合。如果资金规模为 25 000 美元，或许可以持有 3～4 只股票；50 000 美元 4～5 只；100 000 美元 5～6 只。

股票总数不能超过 20 只。很简单，你不可能很好地掌握超过 20 只股票的信息。股票太多，你的总体收益也会被稀释。

对个人投资者而言，第一笔钱往往通过买入在特定领域表现最优的股票赚得，然后再把投资组合集中到少数股票上，认真地追踪。我不相信分散化投资的原则，也不认同将资金分散于多只股票或多种投资工具以降低风险的做法。（第 19 课将讨论资产配置。）

哪些书值得阅读

如果你是投资新手，《投资者商报：市场导论》是一本很好的入门书。我个人收藏了 2000 多本关于投资的书籍，但真正的好书只占一小部分。

早期读过的一些书对我帮助很大，包括杰拉尔德·勒伯的《投资存亡战》、杰西·利弗莫尔的《股票作手回忆录》及伯纳德·巴鲁克的《在股市大崩溃前抛出的人：巴鲁克自传》㊀。

我也在《笑傲股市》㊁一书中总结了自己多年来的心得体会。

㊀㊁ 此书中文版已由机械工业出版社出版。

· 小　结 ·

* 起步阶段选择正确的全方位经纪商或折扣经纪商非常重要。如果要选择经纪商，请确保该机构拥有出色的历史纪录。
* 作为新手，应该设立现金账户而非保证金账户。
* 启动资金有 500～1000 美元就可以了，在实践中不断学习和进步。
* 避开波动性较大的投资工具，如期货、期权及国外股票。
* 专注于少量优质股，没有必要持有 20 只以上的股票。

| 第 3 课 |

遵守规则，不要被情绪左右

    身经百战的著名交易员杰西·利弗莫尔曾在股市大赚，也曾在股市赔钱。他曾经说过："股市里只有两种情绪——希望和恐惧。问题是，当你该恐惧时你往往满怀希望，而该满怀希望时却又十分恐惧。"威廉·欧奈尔将在本课中探讨如何确保在做出投资决定时排除情绪干扰。

利弗莫尔的"当你该恐惧时你往往满怀希望,而该满怀希望时却又十分恐惧"说明了什么

如果某只股票已经让你的亏损超过 8%,你往往会希望股价反弹。但此时你其实应该担心自己可能赔更多的钱,你的反应应该是割肉止损。

当股价上涨为你带来收益时,你往往担心自己会损失这些收益,因而过早出售、锁定获利。但实际上股价的上涨是一种积极的信号,表明你当初看好这只股票可能是正确的。

这不是有违人性吗

只要你投入了真金白银,就肯定会牵动情绪。股市也不例外,但市场并不知道你是谁,而且坦白地说,市场并不在乎你的想法或者你的偏好。

人性深植于股市,过去存在的一些情绪,如自负、轻信、恐惧及贪婪今天仍然存在。

如何克服这些自然的情绪反应(尽管这可能要付出很大的代价)

根据我的经验,唯一的方法是基于历史研究来确立买卖规则,这

些规则以市场的实际运作而非个人观点或成见为依据。

律师们善于分析历史、借鉴先例，你为什么不能这么做呢？越熟知过去，就越能识别未来的机遇。

在股市，过去如何为你提供帮助

自1953年起，我们就每一只流通股构建了模型或总结了相关概况。相比所谓的专家意见、个人观点、可靠情报和市场谣言（这些意见、观点往往是错误的），我准确地了解到那些曾在过去创造出辉煌表现的股票具备哪些特征。在我寻找股市"明日之星"的过程中，这就是我的股市淘金宝典。

研究历史还能加强我们对总体市场的了解。哪怕经验最为丰富的投资者，也会因逐日逐周的市场波动而心惊胆战。但回顾过去，你会发现，在经历过一个又一个的周期后，股市的总体趋势是向上的，这持续地为投资者提供着巨大机会。

了解事实、检验历史就是成功的关键吗

了解事实、检验历史的确很重要，但培养良好的习惯、遵守规则同样重要，而且这两点更难做到。对多年以来养成不良投资习惯的人而言，更是难上加难。克服这些弱点是一项真正的挑战，需要付出很大的努力。

最糟糕的投资习惯有哪些

第一个习惯是爱买低价股。买入大量每股 2 美元、5 美元或 10 美元的股票，看着股价翻番听上去是个不错的主意，但问题是，你"中奖"的概率可能更大。

事实上，投资股票和买打折的裙子或汽车不同。股市如同拍卖所，股价体现的是股票在某个时刻的价值。如果你买入便宜的股票，要记住一分钱一分货。

过去 45 年，那些股价上涨一倍、两倍甚至更多的股票平均股价是每股 28 美元。这是历史事实。便宜的股票风险更大。

是否应该为买入股票的价格设定下限

我不会买入股价低于 15 美元的股票。这些年来真正令我大赚一笔的股票，买入价格都在每股 16～100 美元。

听上去耸人听闻？不要笑：每股 100 美元的股票股价曾经涨到 350 美元。处于行业领先地位的企业不可能以 5 美元或 10 美元的价格发行股票。就算有，也只是少数特例。

很多人梦想着一夜暴富，但这不会发生。成功需要一定时间，要愿意客观、诚实地分析自己犯下的错误。这是让自己更加游刃有余的关键，对生活中的任何事情而言都是如此。

承认错误并不容易，是吗

没人愿意犯错。但在股市，让你的自负成为正确分析某项行为的障碍，沉迷于某只股票而掩耳盗铃都不是明智的选择。

我发现了一个宝贵的工具：对自己的每项交易进行事后分析。每年，我都会在一张日历表上记下自己买入和卖出每只股票的价格，并写下自己买入或卖出的理由。

然后，我分别筛选出让我赚钱的股票和让我赔钱的股票。对上涨的股票而言，我的哪些做法是正确的？对下跌的股票而言，我在哪些地方犯了错？

接下来，我会据此制定几项新的规则，防止自己在未来重复犯错。如果不对自己的错误进行研究，你就永远无法成为更好的投资者。

· 小 结 ·

- 不要让情绪影响你的投资。遵循一套买卖规则,不要让情绪左右你的想法。
- 不要买入每股15美元以下的股票。行业内领先的好公司的股价绝不会是每股5美元或10美元。
- 研究曾经表现优异的股票能指引你发掘潜力股。
- 一定要对股票交易进行事后分析,以吸取经验、汲取教训。

| 第 4 课 |

基本面分析还是技术分析

　　潜在股票投资机会的分析方法大致可以分为两大类：基本面分析和技术分析。市场一直在就哪种方法更好进行讨论。在本课中，欧奈尔将讨论为什么两种方法都是投资成功的基础。

你更青睐基本面分析还是技术分析

根据我的经验，这并不是一个非此即彼的问题。你必须同时考虑关于公司及其产品的实力、质量和可靠性等基本面信息，以及关于某只股票将如何在市场上表现的技术面因素，而不应该把自己局限于某种单一的分析方法中。

基本面分析是你购买每一只股票的必要基础。基本面将决定你所购买股票的质量和优越性。基本面分析是发现价值、精选个股的必经之路。

基本面分析最重要的是什么

我们发现公司的盈利能力是影响股价的最重要因素之一。这意味着，我们只能买入利润持续改善、销售额不断攀升且最好是利润率和ROE都较高的股票。

每股收益（公司税后总利润除以公司总流通普通股股数）可以作为衡量一家公司成长性和盈利能力的指标。

根据我们过去对那些成功股票的研究结果以及多年的投资经验，我们发现涨速最迅猛的股票中有3/4是成长股。在股价创出惊人涨幅的前 3 年，这些公司的每股收益年增速平均都不低于 30%。因此，请将注意力放在过去 3 年每股收益年增速在 30% 以上的股票。

这也是我个人在选股时遵循的最重要原则之一。

如果看不到公司过去 3 年的业绩记录怎么办

某些刚推出 IPO 的股票或者在过去 8～10 年上市的公司可能并没有连续 3 年实现业绩增长的记录。很多人以为刚上市的公司不公布过去 3 年的业绩，但大多数时候这些公司在还没上市之前就有业绩数据。这些信息可以在公司的招股说明书中看到。在这些特殊的情况下，我一般要找出过去 6 个季度的每股收益同比实现了大幅跃升（50% 或以上）的公司。

对于公司亏损或业绩平平的现象未来将得到改善的承诺，我并不感兴趣。历史上的大牛股，绝大多数在股价飙升之前利润很强劲，并且保持增长。

还有哪些关键的基本面因素

销售额要么必须在过去几个季度中持续增长，要么必须较上一年同期增长了 25% 以上。我还倾向于选择根据近期销售额、每股收益增速、毛利率及 ROE 等来看在某些特定领域拔得头筹的公司。

什么是 ROE

ROE是反映一家公司财务状况的指标，它可以衡量一家公司的资金运作效率。

我们研究过的大多数大牛股的ROE不低于20%，其中很多是在不久前刚发行的股票。大多数公司实行管理层持股。也就是说，管理层持有一定比率的流通股，他们与公司未来的业绩存在更密切的关系。

还有哪些要注意的基本面因素

你选择的公司应该拥有某项独特的产品或服务，而市场认为该产品或服务拥有优势。你应该熟知自己所投资的公司是做什么的，生产什么样的产品。

该公司的股票还应该获得机构的青睐，并且在大多数情况下应该属于一个领先的行业。了解有多少表现优异的共同基金、银行及其他机构投资者买入了某只股票就相当于你自己拥有了一个研究部门。最顶尖的机构在买入大规模股票头寸之前通常会做透彻的基本面分析。

技术分析和基本面分析有何不同

技术分析是对市场波动的研究，主要通过图表来实现。图表分析将股票的价格和成交量波动视作领先指标，认为这两个指标体现了股票的供求关系。

你应该将每日或每周的价格波动与成交量数据相结合。通过图表你可以一目了然地观测某只股票的表现是否正常，投资者是否在买入，以及根据该股票过往的记录，判断买入或卖出的时机是否已经到来。

技术分析从某种程度上来说是要学会辨认有效的价格模型，以帮助你就未来可能的价格走势做出判断（关于价格模型的更多介绍，请参考本书第 9～11 课）。

为什么要同时进行基本面分析和技术分析

与基本面数据的变化相比，价格或成交量走势图或许能更早地提示潜在机遇或问题。

成交量是指股票每天或每周的交易数量，是能准确反映股票供求的重要指标之一。了解股价上涨或下跌的同时伴随着成交量的放大还是缩小非常关键，这正是我们在《投资者商报》的股票图表中设置"成交量百分比变化"一栏的原因。

成交量是反映大型机构可能在买入或卖出你所持股票的信号，机构的买卖可能对股价形成正面或者负面的影响，这一数据可能在未来某个时候成为你的救命稻草。

最出色的机构投资者在做出购买决定时会同时进行基本面分析和技术分析。

· 小　结 ·

- 基本面分析和技术分析投资法相结合是成功选股的基础。
- 基本面分析关注企业的利润、利润增长、销售额、毛利率、ROE等。基本面分析能帮你筛选股票，确保你将选股范围锁定到优质的股票。
- 技术分析需要学会读懂股票的股价和成交量图表，并在适当的时点做出投资决定。

| 第 5 课 |

关键技术面指标：
利润和销售额

欧奈尔通过针对 45 年来市场领涨股的研究发现，利润和销售额增速是最重要的基本面因素。在本课中，欧奈尔就展现出赢者风范的公司举出了真实的案例。

投资大家和平庸投资者之间的主要区别是什么

你的目标不是每时每刻都做对,而是在做对的时候赚大钱,在发现自己可能做错的时候尽早抽身。要赚大钱,你就必须买入最出色的公司股票。在所在领域做到第一的公司是真正的佼佼者。

如何发掘大牛股

我们发现,强劲的销售额和每股收益(EPS)是领涨股最重要的特征之一。如果你看一看那些真正出色的企业在股价开始翻一番、翻十番甚至更多之前的销售额、每股收益和利润率表现,这一点就会显而易见。我们希望看到企业的季度销售额和每股收益较上一年同期实现大幅增长,同时还希望看到季度每股收益增幅较最近几个季度有所扩大。

几个例子

1986 年 10 月,在 IPO 结束 6 个月后,微软公司最新一个季度的销售额同比攀升 68%,每股收益飙升 75%,且连续第 7 个月实现同比增长。

1982 年 3 月，在 IPO 结束 6 个月后，家得宝最新一个季度的每股收益大涨 140%；最近几个季度的销售额同比增速从 104% 扩大至 158%，再进一步扩大至 191%；最近 9 个季度的平均销售额增速高达 177%。

思科系统在 1990 年前 9 个月的每股收益同比增速在 150%～1100%，平均增速高达 443%。

在我 1981 年 4 月买入 Price 公司的股票之前，该公司的销售额和每股收益已经连续 14 个季度实现大幅增长。

这就是我所说的龙头股飙涨背后的销售额和每股收益的动力。所有这些股票都在公布强劲的销售额和每股收益数据后走出了大行情。

除了季度销售额和利润数据外，还要关注哪些基本面因素

你还应该重点关注年度每股收益增长，这是一个更长期的指标。

1986 年股价大涨前夕，微软公司的年度每股收益同比增速高达 99%，而思科系统 1990 年的每股收益增速也达到了 57%，Price 公司在股价攀升之前的年度每股收益增速为 90%。

这些领涨股的 ROE 和税后利润率同样势头强劲。微软、家得宝和思科系统的 ROE 分别达到 40%、28% 和 36%；微软和思科系统的税后利润率都高达 33%。

所有这些都发生在上述股票于 20 世纪 90 年代创出最大涨幅之前。我的经验法则是：锁定每股收益年增速在 30% 以上、ROE 在 17% 以上的股票。

如何找到相对应的衡量标准

数年前,我们的研究和经纪公司开发了一个以数据库为基础的专有评分系统,该系统名为"EPS 评分系统",能帮助我们的机构客户评估企业当前及更长期的业绩表现。

个人投资者只有在《投资者商报》的股票图表中才能看到 EPS 评分。该评分将每家公司最近两个季度的 EPS 同比增速与其 3~5 年的年度增速相结合,然后将每家公司与其他上市公司进行比较,得出一个相对的每股收益评分。各家公司的每股收益评分为 1~99 分不等,得分为 99 分的公司代表按每股收益增速计算排名前 1% 的公司。

微软公司和思科系统在股价大涨之前的 EPS 评分都高达 99 分。

这些公司的涨幅到底有多大

1986 年,微软的股价在 3 周之内上涨了 266%;1982 年,家得宝的股价在不到半年的时间里飙升 912%;思科系统和 Price 公司的股价自 1990 年和 1982 年开始分别上涨了 2000% 和 750%。

还能找到这样的股票吗

我的最后一条建议也是最重要的一条建议:如果明白了其中

的道理并有勇气去实践，你就有可能找到下一个微软，创造一大笔财富。

上述提到的股票在大涨之前都经历了一段时期的股价回调和筑底阶段，股价基本没有实质性的上涨。这种筑底阶段基本上是因为大盘下跌或者回调所导致的。在所有例子中，当大盘最终逆转、发出清晰信号表明下行趋势终结并启动新的上涨行情时，这些股票都是第一批创出新高的领涨股。

1990年10月，在大盘好转后，思科系统的股价马上在一周内上涨7美元，从22美元升至29美元，领涨大盘。

你对熊市或回调行情的看法好像和大多数人不同

我将熊市和回调行情看作重大机遇，因为未来所有的大牛股都在筑底，当大盘最终摆脱回调行情后，这些股票又将迅速反弹。当然，这可能发生在明天，也可能发生在三个月后。你绝对不希望错过这种机会。

· 小 结 ·

- 要赚大钱，你就必须在对的时间买入最好的股票。
- 强劲的销售额和每股收益是大牛股最重要的特征之一。
- 寻找季度每股收益实现强劲且持续增长的股票，年度每股收益增幅在 30% 以上的股票。EPS 评分将这二者相结合，并将你持有的股票和其他股票进行对比。
- 寻找 ROE 在 17% 以上的股票。
- 在股票走出盘整阶段或者摆脱底部时买入股票是获取巨额收益的关键。

| 第 6 课 |

股价相对强度：
一个关键的技术工具

　　股价相对强度可能比较难理解，对投资者而言却是一个非常有用的指标。在本课中，威廉·欧奈尔将对股价相对强度进行详细的解读，告诉我们如何使用这一指标，并帮助许多投资者解除关于股价相对强度的误解。

为什么如此强调一只股票相对于其他股票的表现？在寻找优秀企业的时候，为什么不只关注销售额和每股收益呢

作为一个重要的技术指标，股价相对强度能显示市场本身赋予某只股票的价值。结合市场和所有其他股票的情况来看，某只股票的股价表现如何？我们获取某只股票在一年前的股价和目前的股价，计算出股价的百分比变化，然后与其他所有股票进行比较，算出这只股票的"股价相对强度"。就像 EPS 评分一样，股价相对强度在 1～99 分之间，99 分代表最高水平。

根据我们的研究结果，自 1953 年以来表现最好的股票，其股价在上涨数倍甚至数十倍之前的平均股价相对强度的评分为 87 分。也就是说，这些股票在大涨前一年的表现超过了 87% 的其他股票。只有《投资者商报》的股票图表栏目会在每个交易日对每只股票的股价相对强度做出更新。

如何利用股价相对强度选股

我建议你将目标缩至股价相对强度评分不低于 80 分的股票，这样一来你选择的就是表现排名前 20% 的股票。真正领涨股的股价相

对强度评分可能至少达到 85 分。股价相对强度能帮助你淘汰大量业绩疲软或表现平平的股票,防止这些股票拖累你投资组合的总体表现。

我从不会对抗市场买入或持有股价相对强度评分在 70 分以下的股票。

除了股价相对强度外,你还应该习惯查看股票历史价格走势下方的股价相对强度曲线(大多数图表服务商会提供)。

如果你想筛选出两三只股票买入,我建议你买入股价相对强度曲线上扬角度最大的股票。你绝对不该买入股价相对强度在过去 6～12 个月呈总体下行趋势的股票。我将在第 9 课、第 10 课和第 11 课就解读图表做更详细的分析。

俗话说得好,物以类聚,人以群分,股票也是如此。同一个行业内至少应该有另一只股票表现出强劲的价格走势(高股价相对强度)。《投资者商报》还提供"行业相对强度评分",让投资者了解某只股票所在行业的价格走势相对其他 196 个行业的强弱。如果找不到该行业表现强势的其他股票,或者作为一个整体,整个行业表现都弱于大盘,可能你就应该重新考虑了。买入属于领先行业的股票通常会带来回报。

股价相对强度评分能否帮助你做出卖出决定

相对股价表现是让你了解自己所持的五六只股票中哪只股票真正

经得起考验的好方法。根据每个月或每个季度价格的百分比变化对你的股票进行评分。如果决定出售股票，那么卖出表现最差的股票通常是优胜劣汰的正确方法。我一般还会注意大盘下跌但某些个股逆势且放量上涨的情况。

如果在你买入后，股价相对强度评分较高的股票就马上陷入跌势怎么办

如果买入的股票股价下跌，就不要继续买入。正如我在第 1 课中提到的一样，要卖出任何股价较买入价下滑 8% 以上的股票以保护自己。这是第一法则。逢低加仓是非常危险的，你偶尔可能"幸免于难"，但长期来看，个人投资者在股价下跌后继续投入大量资金买入股票总是高风险的。

如果你在某只股票跌至 50 美元时买入该股票，然后在 45 美元的价位继续加仓，那么如果股票进一步跌到 40 美元甚至 35 美元怎么办？如果股价涨不回来了怎么办？在经过仔细考虑后随着股价的上涨加仓更为明智。你希望把钱投在上涨的股票而非股价疲软乏力的股票中。

如果你持有的一只股票相对强度指标评分连续多月来一直在 80 多美元或 90 多美元的水平徘徊，当评分首次跌至 70 美元下方时，可能意味着你必须重新评估头寸，考虑卖出。

· 小　结 ·

- 股价相对强度是能让你看到市场本身对一只股票如何定价的关键技术指标。
- 在使用"《投资者商报》SmartSelect™ 企业评分"时，避开股价相对强度评分在 80 分以下的股票。选股时一定要以其股价相对强度为基础。
- 如果股票的相对强度下滑，就不要继续增持。如果股价较买入价格下跌 8% 以上，就出售该股票的所有仓位。这种方法能帮助你免受重大损失。

| 第 7 课 |

通过行业了解个股

　　就像人一样,股票也倾向于"集体"行动。在本课中,欧奈尔将解释行业和板块的重要性,以及如何辨别哪些行业在引领市场。

为什么学会选择处于领先行业或板块的股票很重要

首先，板块比行业的范围更广。例如，消费品板块囊括了多个涉及方方面面的行业，包括零售行业、汽车行业和家用电器行业等。自1953年以来，大多数真正领涨大盘的股票同时也属于当时领涨市场的行业或板块。

例如，在微软近年来风靡股市的同时，仁科（PeopleSoft）的股价也大幅上涨；在戴尔公司股票跑赢大盘的同时，康柏的股票同样强势；当家得宝在1997年第二季度开始跑赢市场的时候，另外两家零售公司沃尔玛和 Gap 的股价也开始获得向上动能。差不多在同一时期，先灵葆雅（Schering-Plough）和百时美施贵宝（Bristol-Myers Squibb）的股价开始爆发，而另两家制药企业沃纳·兰伯特（Warner Lambert）和辉瑞制药（Pfizer）也进入上升通道。很显然，股票趋向于按板块或行业轮动。在买入股票时，我希望看到同一个行业至少还有另外一只股票也表现得抢眼。

除了了解在特定时间表现最为强劲的特定行业或板块之外，你还应该学会捕捉另一种"集体"波动：大机构当前主要投资大型蓝筹成长股，还是波动性更强、市场经验更少的小盘股？

1997年年底，市场的焦点从小企业转向了流动性强的大市值股票。由于蓝筹股、优质股的股票交易更为活跃，基金经理能更容易地买入或卖出某只股票。保持警觉，投资于大量市场资金涌入的股票能为你带来回报。《投资者商报》的"行业板块"版面每天都会登出一张名为"大盘成长基金 vs. 小盘成长基金"的小图，你可以通过追踪它来了解市场焦点何时从小盘股转向大盘股。

如何捕捉此类转变

你可以这么做：一旦发现某只股票符合基本面分析的所有标准（销售额和每股收益持续增长及盈利能力强等），同时技术面因素也表明投资时机已经成熟（我将在后文介绍如何做出这一判断），马上查看其所属行业的强弱。《投资者商报》根据行业内所有股票在过去6个月的表现计算出197个行业的股价相对强度，并对其进行排名，列成了一张表。

这张表很全面，不仅能看到整个计算机行业的相对强度，还列出了计算机行业下属6个子行业的情况。软件行业也被划分为6个子行业，如金融软件、医药软件、桌面软件等。通过这张表，你能获得关于特定行业的更清晰、专业的观点。

这为什么有价值

因为你想找到一个行业下最好的子行业。可能计算机服务行业领先市场，计算机绘图行业却落后市场。197个行业中排名前20%的行业通常是最好的，此外，我建议投资者避开排名后20%的行业。《投资者商报》的股票主图表上包括股票的"行业相对强度评分"，评分从A到E，A为最高。我们推荐评分为A和B的股票。其他任何出版物中都找不到这样具体的信息。

还有一个甚至能更好地帮助投资者发掘领涨行业的地方是《投资者商报》的"52周新高&新低"专栏（新高专栏）。

该排名针对创新高股票数量最多的行业。如果市场行情较好，大量股票股价都创新高，那么这一排名上前5～6名的行业应该属于领涨的行业。我每天都会查看这一排名，所以我能时刻掌握哪些行业领先，哪个行业最新出现在排名的前列。使用该排名至少能让大多数投资者的投资业绩改善10%～20%。

1998年年初，零售行业几年来首次出现在排名的靠前位置。无论何时，只要发现一个行业内有三四十只股票的股价创新高，这一有利的线索就绝对不容忽视。

此外，《投资者商报》还设定了一个特别的排名，名为"行业创新高股票百分比排名"。该排名就在"行业板块"版面"52周新高&新低"排名的下方，表格比"52周新高&新低"排名表小，但也能提供有价值的线索。

根据历史经验，医药、计算机、通信技术、软件、专卖零售和休闲娱乐板块的好股票比大多数其他板块要多。美国主要是一个消费大国，在信息、高科技和新兴互联网行业引领全球。婴儿潮人口正逐渐步入年长阶段，所以当前投资、休闲和医药行业变得更加重要。

同时，还必须知道汽车、钢铁、制铝、机械、航空、铁路、制铜和建筑行业都是周期性行业，这些股票开始上涨后行情可能更短暂。此外，大多数科技股的波动性是消费股的两倍，所以潜在的高回报同时意味着更高的风险。

你还能在《投资者商报》的"总体市场＆板块"版面中找到关于市场板块轮动的第三和第四大关键线索：包括板块图表，该图表按股价相对强度对各个板块进行了排名；还有一个名为"市场板块指数"的表。两个表都能较准确地让你了解哪些板块真正领涨。

《投资者商报》还独家提供涵盖各行业板块及行业下属各股票的完整清单。"行业板块和股票代码指数"每年更新两次。

·小 结·

- 必须筛选领涨行业或板块的股票。历史上大多数龙头股隶属于领先市场的行业或板块。
- 许多领涨股来自医药、计算机、通信技术、软件、专卖零售和休闲娱乐板块。
- 行业相对强度评分能帮助你在领涨的行业中筛选出龙头股。

| 第 8 课 |

成交量和机构持有的重要性

股市最大的参与者是共同基金和大型机构。在本课中,欧奈尔将讨论这些机构对股市的影响及个人投资者如何追踪机构的交易动向。

什么是成交量？成交量为什么重要

供求规律在股市发挥重要作用。股市上涨绝非偶然，涨势必须由来自市场的大量买入需求推动，其中大多数需求来自机构投资者，优质龙头股的买入需求中有75%来自机构。在选股的时候，日成交量或周成交量就是衡量需求的标准。

日成交量是指每个交易日交易的实际股数，大多数报纸每天会提供相关信息。但是，除非你每天追踪这些信息，准确捕捉成交量急剧放大的情形（这可能暗示着大量的买入或卖出需求），否则这些报纸信息并没有多大帮助。

只有《投资者商报》提供每只股票在每个交易日的"成交量百分比变化"。我们在股票表格中列出此项，追踪个股在过去50个交易日的平均日成交量，并显示个股上一交易日的成交量较平均日成交量高出或低出多少。例如，如果某只股票的成交量百分比变化为+356，说明该股票上一交易日的成交量较其过去50个交易日平均日成交量高出356%。此外，《投资者商报》每天都筛选出一个极富特色的表，名为"大规模资金流向"。这张表能让投资者一目了然地看到哪些股票的成交量上涨幅度最大。该表每天刊登在纽交所和纳斯达克表格的最上方。

大机构买入股票的行为一般都会体现在《投资者商报》的"成交量百分比变化"项目或纽交所和纳斯达克表格顶端的"大规模资金流向"一栏。举个例子，如果某个基金的资产管理规模是10亿美元，该基金计划用2%的仓位买入一只股票，资金规模就会达到2000万美元。假设股价是40美元，买入的股数就高达50万股！基金的买卖如同大象跳进浴缸，大象的一举一动必定引起轩然大波。《投资者商报》能帮助你轻松地追踪这些机构巨头。

既然成交量能告诉我某只股票的成交活跃，那么我怎么知道是以买入为主还是以卖出为主

《投资者商报》的另一项专有指标能有效地帮助你判定股票是在被买入还是卖出，该指标的名称是"进货（机构买入）/出货（机构卖出）评分"。投资者可以查到每只股票每个交易日的"进货/出货评分"，该指标追踪股票在过去13周的成交量，告诉投资者该股票在被机构买入还是卖出。评分从A到E，A或B意味着股票正被买入；D或E表明股票正被卖出，投资者最好暂时避开这只股票；C表明买入和卖出的数量基本相同。

什么是机构持有

机构持有就是指大型机构投资者买入一只股票。如果你真的想买

入能大幅上涨的股票，一个基本的方法是看看是否至少有 1～2 家表现优于市场的机构最近在你选择的标的买入了新的头寸。根据我的研究结果，一个季度内的最新买盘最为重要，其次是是否存在大幅增持股票的现象。

我怎么辨别哪些机构能跑赢市场，以及它们在买入和卖出哪些股票

你需要做的只是习惯定期阅读《投资者商报》的"共同基金"版面。该版面的内容包括关于过去 3 年领涨基金的大信息量的报告。同时，我们的另一项专有评分——"36 个月表现评分"，对各种类型的基金进行比较和评分。排名前 5% 的基金评分为 A+，排名前 10% 的评分为 A，排名前 15% 的评分为 A-，排名前 20% 的评分为 B+，依此类推。该评分是帮助你发掘最优质基金的关键。

"共同基金"版面还刊登一系列关于高表现基金其他关键数据的特有指标，如基金持仓金额最大的前 10 只股票，最新股票买入（以字母 N 加上股票名称表示），基金增持或减持了哪些股票的仓位（以符号 + 或 - 加上股票名称表示）。

此外，投资者还能看到某只基金在最近的特定时间段买入金额最大的 10 只股票。我对买入金额最大的 3～4 只股票尤为感兴趣。一只高表现基金投入最大金额买入某只股票，说明这只股票有推动其买入的最佳理由。通过每日查阅《投资者商报》，你能掌握几家基金何时买

入新头寸或开始卖出自己感兴趣的某只股票。

例如，1998 年 8 月 24 日，我阅读了《投资者商报》的"共同基金"版面。该报显示，在 6 月 30 日之前，《投资者商报》表现评分为 A+ 的 MAS 基金中盘成长基金卖出了大量 Complete Business Solutions、Advanced Fibre Communications、讯远通信公司、富兰克林资源公司、仁科公司及 Dollar Tree 的股票。如果你当时持有了这些股票，这一信息对于你就非常重要。你在任何其他报纸或网站都找不到如此有价值的数据。

为什么基金在两个月前的交易和当前有关

大多数基金每个季度或每半年对其投资组合进行一次公开披露，披露时间为其特定期限结束约 5～6 周之后。很多人认为披露时间太晚，已经没有价值。这是不正确的。

怎么知道在当前买入为时已晚

持续地查看近期买入规模最大股票的日线和周线。这些股票是已经筑底或处于买入区域（我们将在第 9 课中讲解如何就此做出判断），还是股价较上次的底部涨幅过大，因此风险过高而不适合买入？这是一个时间选择问题，我们将告诉你如何捕捉最佳时机，买入高表现基金近期买入规模最大的股票。

还有人认为他们应该在基金入场之前买入一只股票，因为一旦基金发现这只股票，股价就会被拉高。这是短视的观点。目前市场上有数千家机构投资者，其中许多机构的资产管理规模达到了数十亿美元。如果没有任何表现较好的基金买入某只特定股票，我会选择避开这只股票。问问自己：为什么机构没买入？不论机构的判断是对是错，股价的持续上涨还是必须由机构的大规模买入来推动。因此，必须买入至少有几家高表现共同基金于近期最新持有的股票。

你能通过定期阅读《投资者商报》的"共同基金"版面逐渐了解专业人士通常会买入、避开哪类股票。他们不买便宜的股票，而倾向于购买能方便他们大量买入的优质股票。你还能辨别专业人士在哪些行业投入了最多的资金，从哪些领域撤离了资金。了解买入某只股票的基金数量在过去几个季度是否稳定增长也是一种明智的做法。

如何辨别机构投资者是否买入了自己持有的股票

《投资者商报》每周二在"股票表格"版面刊登了一项名为"机构持有评分"的专有指标。我们从 A 到 E 对每只股票的机构持有情况进行评分。A 和 B 评分意味着高表现基金持有某只股票，且持有该股票的基金数量在最近几个季度持续增加。

· 小　结 ·

- 成交量是指股票交易的实际数量。
- 股价的上涨绝非偶然，一定由大规模的买盘推动，而这些买盘通常来自共同基金、退休基金等大型投资者。
- 《投资者商报》的"成交量百分比变化"指标跟踪每只股票在过去 50 个交易日的平均日成交量，显示股票成交量较平均水平高出或低出了多少。
- 通过进货 / 出货评分判定大型机构投资者在买入还是卖出股票。
- 了解最佳共同基金正在买卖哪些股票非常重要。机构持有评分能帮助你判断机构投资者是否大规模持有自己手中的股票。

| 第 9 课 |

如何在正确的时间点买入

在研究股票时,通过股价图了解股票技术面的表现至关重要。在本课中,欧奈尔将讲解读懂股价图的基本方法,并介绍一种关键价格形态——"杯柄形态"(cup with handle)。

只要基本面强劲就行，找准买入时机真的那么重要吗

有句老话说得好——时间就是金钱，在股市和生活中都是如此。掌握买卖一只股票的最佳时间是一项很有价值的技能，每个人都可以而且必须学会。在接下来的三课中，我将告诉你如何读懂股价的日线和周线图，让你形成清晰的概念，掌握如何根据股票在一段时间内的价格和成交量变化来判断其未来表现。

研究股价图必不可少，因为股价图传达了关于股票市场表现的关键信息，而如果只专注于基本面，你就会错过这些信息。股价图是对股票历史价格和成交量表现的图形描绘，能让你根据股票最近的表现判定其当前所处的状态。

在股价图的价格走势部分，每条垂直线通过三个变量代表股价一天或者一周的波动。垂直线的顶端代表股票在整个交易日内的最高价（盘中高点），底端代表股票的最低价（盘中低点），与垂直线交叉的水平线则代表股票的收盘价。股价图底端以图形的方式描述股票的日或周成交量。

如何读懂这些水平线和垂直线

前文已经强调过成交量的重要性，现在让我们来分析成交量和股

价之间的关系。很容易从 K 线图上识别的一个积极信号是成交量自上一交易日或上周起大幅增长的同时伴随着股价的上涨。这通常暗示着专业投资者在买入某只股票。反过来，股价下跌的同时伴随着成交量的放大是专业投资者卖出股票、股价前景堪忧的信号。

另外，如果股价下跌的同时成交量也大幅萎缩，那么投资者可能无须担心，因为成交量减少意味着股票没有遭遇大规模抛售。但是，任何事都不会如此简单。我将在下一课介绍一些有别于一般情况的特例。我将技术面和基本面指标相结合，因为股价图上发出的信号，也就是技术面的指标，可能领先于为外界或专业领域所知的基本面变化。这一点在龙头股的股价见顶时显得尤为贴切。某些股票的股价可能在当前利润或者预期利润喜人的情况下见顶。

在对 45 年来股市最大赢家进行研究的过程中，除了关注基本面指标外，我们还通过研究所有这些大牛股的股价走势图来关注股价、成交量和价格形态等技术面指标。我们发现了一条普适的规律：股价在波动过程中会形成股价盘整区域或者不同类型的基础价格形态，这些基础价格形态往往在股价创出新高并持续飙涨的前夕形成。基础价格形态的形成通常由大盘指标的调整引发。

在股价刷新纪录、上涨一倍甚至两倍之前，潜力股的股价走势图有什么特征

它们的股价走势主要呈现出三种形态，其中最常见的一种我们称

之为杯柄形态。

之所以被称为杯柄形态，是因为股价走势图的总体形状就像一个咖啡杯的轮廓（见图9-1）。点A和点B之间是杯子左半边的下凹部分；点B代表杯子底部的圆弧部分，股价在几周内上下反复；从点B到点C之间，股价逐步反弹至略低于其前期高点的价位；而从点C到点D，再到点E则构成了杯柄的形状。从点A到点E之间的整个区域被称为杯柄形态。

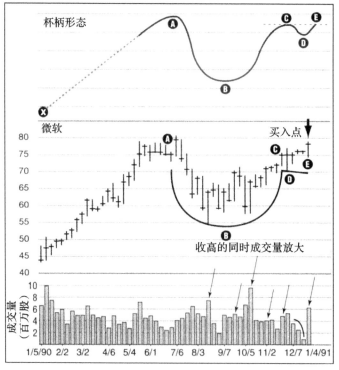

图9-1　Reading the Pattern 解读杯柄形态

注：本图是杯柄形态理论层面的轮廓和实践中的实例演示。

资料来源：*Investor's Business Daily*.

在研究领涨股的过程中，我发现了针对一只股票的最优买入点，即"轴心点"。此话怎讲？这个最优买入点通常位于基础形态的末端，此时股价涨至新高，面对的阻力最小。也就是说，根据当前价格、历史价格以及成交量走势，在这个点，股价进一步走高的概率更大。

如图 9-1 所示，在杯柄形态中，正确的股票买入时机出现在比杯柄处价格（点 C、点 D 和点 E）高出 1/8 处，此时应该立即买入。我们称之为新高，但它其实只代表股价突破杯柄区域的新高，通常略低于点 A 处的前期高点。此时买入将赋予你上升动力或竞争优势。

为什么不在杯底处买入

等待具体的买入点总让人们感到不安，尤其是在买入点股价大部分时间比底部区域更高的情况下。他们会问："为什么不早一点儿在更低的价位买入，这样不是更划算吗？为什么要等到股价小幅上涨之后才买入？"我们的目标不是在股价大幅上涨概率不大的情况下以最低的价格买入，而是在对的时间即股票飙涨概率最大的时候买入。具体的历史研究结果告诉我，假设其他选股的基本面和技术面条件符合，在准确"轴心点"买入的股票绝对不会下跌 8%（止损点位），而且股价显著走高的概率也最大。所以，有意思的是，如果操作正确，这一"轴心点"就是风险最小的点位。

股票行情爆发当天，股票成交量至少应该较其平均日成交量放大 50%。在这一关键买入点，有来自专业投资者对股票的强劲需求至关重要。只有《投资者商报》颇具特色的股票图表会列出每只股票每个交易日的成交量百分比变化。

在图 9-1 中，点 X 和点 A 之间的虚线被称为前期上升趋势。强劲有力的股票在前期上升趋势中的涨幅至少能达到 30%。正常情况下，"杯柄形态"的形成时间至少有 7～8 周（点 A 到点 E），否则可能不够强劲并走向失败。某些基础形态跨越的时间可能长达 6 周甚至最多达到 15 周。大多数股票可能自其绝对高点下滑 20%～30%，跌至杯底区域（点 A 到点 B）。杯柄区域的持续时间可能较短（1～2 周），也可能达到数周，并且必须沿股价低点下行或震荡（如跌破杯柄区域的上周低点）。这有助于排除买入后股价出现必要回调或价格回落的可能性。

正常情况下，股价在杯柄区域的回落幅度很少超过 10% 或 15%。在低点附近，股票要么通常出现成交量极少的情况，意味着卖盘无以为继；要么股价经历几个窄幅波动的区域，股价变化极小，甚至可能出现收盘价连续几周基本持平的情况。这是一个积极的信号。

理论上好像说得通，但事实上股价走势真的会形成杯柄形态吗

有一个关于"杯柄形态"的经典案例。这个例子出现在 1991 年 1 月微软公司股价创出新高，并一路上扬飙涨 1 倍多的前夕（见图 9-1）。当时微软公司的 EPS 评分高达 99 分，股价相对强度评分也达到 96 分，公司股价形成了一个为期 25 周的基础形态。股票自点 A 开始在"杯柄形态"的下行部分连续 6 周走低，在点 A 和点 B 之间的底部区域横盘整理，11月实现反弹（点C），随后在最后5～6周进入窄幅波动的杯柄区域（点D和E）。请注意杯柄部分位于整个股价形态的上半部分（点C、点D和点E）。

我用箭头标出了杯底区域及上行部分股票量价齐涨的6周（图表底部），其中成交量最大的两周出现在上行部分，且这两周股价都收于当周最高点。请注意12月成交量极度萎缩，跌至图表所覆盖时间段的最低水平；12月底和1月初股价则窄幅波动。

你的最佳买入点位于杯柄区域的最高点。再次强调，这一点股价并非最低，买入决策正确的概率却是最高的。也正因如此，在买入前你必须等待股价触及这一点位（有的时候股价再也回不到这一点）。

在习惯这种方法之前，你很难相信买入股票的最佳时机出现在股价历史高点附近，你会惴惴不安，有一种奇怪的感觉。实际上，98%的个人投资者不会采取这种买入策略，也正因如此，很少有人会持有或者通过美国股市历年来的大牛股充分获利。请记住，在新高买入就能迎来股票潜力的爆发。

·小　结·

- 在对45年来股市最大赢家进行研究的过程中，我们发现股价在波动过程中会形成股价盘整区域或者不同类型的基础价格形态，这些基础价格形态往往在股价创出新高并持续飙涨的前夕形成。
- 最常见的一种基础价格形态我们称之为杯柄形态，因为股价走势图的总体形状酷似咖啡杯的轮廓。
- 一只股票的最优买入点，即"轴心点"，通常位于基础形态的末端，此时股价涨至新高，面对的阻力最小。
- 股票行情爆发当天，股票成交量至少应该较其平均日成交量放大50%。
- 98%的个人投资者不会采取这种买入策略，也正因如此，很少有人会持有或者通过美国股市历年来的大牛股充分获利。请记住，在新高买入就能迎来股票潜力的爆发。
- 股价在上一交易日或上周股价上涨的同时成交量放大通常是有利的信号。
- 股价在上一交易日或上周股价下跌的同时成交量放大通常是不利的信号。
- 股价下挫的同时成交量萎缩表明卖出势头并不强劲。

| 第10课 |

股票价格形态
如何带来巨额利润

　　进行技术分析时必须关注几种不同的股价形态。在本课中，欧奈尔将讨论几类价格形态，并列举读图时必须避免的一些错误。

你什么时候意识到读图的重要性

1959年，也就是我成为股票经纪人的前一年，我第一次认识到读图的重要性。当时有一家共同基金的业绩格外抢眼。我拿到股价周走势记录，并通过基金招募说明书和季度报告找到这家基金在过去两年中买入每只股票的价位。我有了一项重大发现。

这一发现令人震惊，而且彻底改变了我对选股的总体看法。在该基金买入的约100只股票中，每一只股票的买入点位都出现在股价涨至新高后！例如，如果某只股票此前3～6个月在每股40～50美元的区间波动，这家业绩辉煌的基金就只会在股价升至51美元的高点时买入。

让我们停下来仔细想一想。在股价创出新高、走出基础形态时买入股票的理念听上去有些荒唐，毕竟逢低吸纳的投资理念已在大多数人的脑海中根深蒂固。我现在就要粉碎这个很普遍，已令人们习以为常的错误观念。

在百货商场买打折商品的道理和买股票的逻辑恰恰相反。你想不想买入上涨潜力最大的股票？那么请你忘记错误的老口号"低买高卖"，以"高价买入、更高价卖出"的信念取而代之。

这是由观念和经验决定的。回过头来看看那些曾经飙涨的股票，如思科系统。从1990年10月股价触及最初的新高，一直到1998年

10月，思科系统的股价涨幅达到惊人的15 650%！最初的"轴心点"实际上是个低点，但它看上去是个高点，因为历史价格仅仅反映了历史的情况。令人难以置信的涨势当时其实是不可见的，所以如果你回看这些大牛股的历史走势，所谓高点其实很少是真正的高点。

股价暴涨前还可能呈现哪些其他形态

除了最常见的杯柄形态外，图10-1还列出了双底形态的例子。

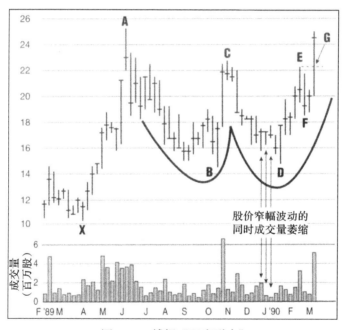

图10-1 捕捉"双底形态"

注：本图是American Power Conversion公司的股票在随后22个月中大涨8倍之前呈现的价格形态。

资料来源：*Investor's Business Daily*.

1990 年，American Power Conversion 公司的股价形成了一个持续 39 周的形态，看上去就像一个放大版的字母"W"。"W"的中点位置点 C 应该低于起点处的高点 A。点 A 到点 B 之间是第一个底部，点 B 到点 C 之间股价逐步上涨至中点，点 C 到点 D 之间代表第二次下跌，即双底形态中的第二个底部。

一般来说，第二个底部会略低于第一个底部的最低点 B。这相当于一次震荡，能帮助淘汰最后少数意志不够坚定的投资者。点 D 和点 E 之间是双底形态的第二次上涨，点 E、点 F 和点 G 则形成了一个短柄。

正确的买入点出现在股价略高于每股 22 美元处的点 G，此时股价突破了短柄区域的最高点（点 E）。请注意，当股价一路上扬突破 22 美元时，走势图底部的周成交量也迅速放大。

在买入点处，股票的《投资者商报》EPS 评分为 99 分，股价相对强度评分达到 95 分，ROE 高达 53.8%，年税前利润率也达到了 25%。自点 G 往后 22 个月期间，股价暴涨了 8 倍！但当时看来，对大多数投资者而言，买入点的股价已经很高，令人望而却步。请注意，当股价在一周内从每股 18 美元涨至点 C 处的每股 22 美元时，周成交量也非常大。

最后一点：在 12 月最后三周和 1 月第一周，股票收盘价在每股 17 美元左右窄幅波动，成交量则收缩至整个"双底形态"区间最低的水平。大多数人从未见过这种情况，但这往往代表积极的信号，因为成交量大幅减少意味着进入市场的卖盘正在消失。

还有什么价格形态

还有一种比较常见的价格形态是平底形态。平底形态可能出现在股票已经经历杯柄形态并且持续走高的情况下。总体而言，平底形态下股价横向盘整，而且至少连续 5 周窄幅波动，一般情况下波动幅度仅为 8%～12%。形态末端会形成一个新的"轴心点"，为你带来新的买入或者增持此前杯柄形态下买入头寸的机会。

你要在股票经历某个基础形态的情况下，准确地捕捉"轴心点"买入股票，不要在股价较轴心点上涨 5% 以上的时候追涨（学会准确捕捉买入点，过晚买入需要付出代价）。如果过晚买入，你因正常股价回调而被淘汰出局的概率就会明显加大。

你在读图时可能犯哪些错误？存不存在失败的基础形态

- 持续时间为 1～4 周的短期基础形态风险很高，而且往往会失败，你要避开它们。
- 总体轮廓异常松散或波幅过大的形态风险更大。根据更密闭、更紧凑、价格波动幅度更小的形态买入更加安全。
- 自形态底部暴涨至新高，而没有经历任何回调行情或柄状调整区域的股票风险较大，而且会频频遭遇大幅抛售。
- 如果股价突破基础形态的同时成交量没有实质的增加，那么投资者应该避开此类股票。

- 滞后基础形态。板块中最后一个创新高的股票往往表现落后而且脆弱。投资者应该避开此类股票。
- 柄状区域波幅过大（下跌20%～30%）或者股价在该区域沿低点楔形向上而非沿低点逐步下滑的形态为错误形态，往往走向失败。
- 在经历过一段长时间的上行走势滞后后，如果股票第四次形成某种基础形态（第四阶段形态），这对投资者而言往往太过明显，因而可能走向失败（详见第11课）。

一旦学会读图，学会准确找出形成正确的基础形态、被机构投资者持续买入并符合本书前几课描述的所有基本面标准的股票，你的表现会明显提升。

· 小 结 ·

* 选股时要注意的股票价格形态包括杯柄形态、双底形态和平底形态。
* 以下是投资者必须提防的失败的基础形态：
    （1）柄状区域波幅异常剧烈、轮廓异常宽松；
    （2）柄状区域呈楔形向上趋势；
    （3）总体形态轮廓宽松或波幅过大；
    （4）板块内最后一批形成基础形态的滞后型股票；
    （5）股价突破基础形态时成交量没有放大；
    （6）第四阶段形态；
    （7）持续时间短的形态。
* 请你忘记错误的老口号"低买高卖"，以"高价买入、更高价卖出"的信念取而代之。
* 你要学会准确地捕捉"轴心点"买入股票，不要在股价较"轴心点"上涨 5% 以上时追涨。

|第11课|

如何像专业人士一样读图

读图是较难掌握的技术之一。在本课中,欧奈尔将举出具体的例子,就读图的要点及超越常规的例外情况进行探讨。

有些股价图当前看上去不错，但并非所有股票都能成为大牛股。怎样区分好的基础形态和失败的基础形态呢

股价图的真正价值在于结合股票不久前的基本状况——相关背景和条件等，评估股票的走势。影响市场的因素众多，包括美联储政策决定、利率因素、国际市场动态、政治因素等，而股价图则以相对简单的价格和成交量曲线呈现股票在市场的实际表现。

仁科的股价走势图充分体现了微小的细节如何成为失败基础形态和成功基础形态之间的分水岭（如图11-1所示）。失败的基础形态拖累投资者走向失败，而成功的基础形态则可能带来巨额利润。

股价图上1993年的点A、点B和点C看上去像是杯柄形态的杯体部分，但是在点C到点H之间的杯柄部分，股价沿着低点D、点E、点F和点G呈楔形向上。此类基础形态大都会在股价突破形态后走向失败，正如图11-1上的点H所示。还有一点值得注意的是，在股价突破杯柄形态的一周，即点H处，走势图底部的周成交量较此前一周缩小。这是另一个不利的信号。按理说，股价突破基础形态，当周成交量应该放大。

接下来，仁科公司的股票从点H到点L之间又形成了第二个基础形态。这一次股价在杯柄区域自点J到点K逐步下滑。这表明基础形态更成功，因为收盘价低于前期低点有助于进一步淘汰意志不够坚定的投资者。但是，杯柄所覆盖的股价范围不应该像图 11-1 显示的一样出现在整个基础形态的下半部分。

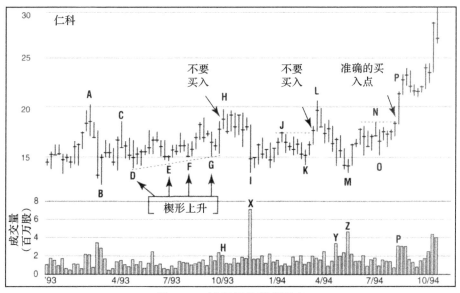

图 11-1　捕捉好的基础形态

注：本图是仁科公司的股票在步入长期上涨行情之前的股价形态。

如何判定杯柄部分是在整个基础形态的中上部而不是下半部

以图 11-1 为例。整个点 H 到点 L 区域价格形态的最高股价为 19.875 美元（点 H），最低点为 13 美元（点 I），总体下降幅度为 6.875 美元。该区域杯柄部分的最高股价为 17 美元（点 J），最低股价为 14 美元（点 K），中点为 15.5 美元。现在来看，15.5 美元是离 19.875 美元的高点（点 H）更近，还是离 13 美元（点 I）的低点更近？它与低点只有 2.5 美元的差距，与高点却有 4.375 美元的差距。杯柄部分的重点更接近形态的下半部分，这是一个消极的信号，暗示着当前的基础形态是失败的，当股价突破形态时（点 L），你并不能买入。另外，请注意当仁科公司股价跌破两个月前所确立的支撑位 15 美元时，即在点 X 处，股票成交量巨大。

掌握这些复杂的技巧需要时间，即便是经验丰富的图表专家也可能被表象迷惑，在点 H 和点 L 处买入。

仁科公司的股价什么时候形成了正确的基础形态

该公司的股票最终形成了第三个也是更适当的杯柄形态，如图 11-1 上的点 L 到点 P 区间。点 N 到点 O 之间的杯柄区域更接近基础形态的股价中点，整个杯柄形态的轮廓也比第一个形态更紧凑、波幅更小。自点 L 起四周之后，股价跌破两周前在 16 美元处确立的支撑位，但成交量有所减少。与第二个基础形态期间第 X 周股价下滑伴随着成交量的急剧放大相比，这是更积极的信号。

除此之外，第 Y 周股票量价齐涨，第 Z 周成交量巨大。乍一眼看上去你可能会将第 Z 周成交量放大误读为不利的信号，但实际上成交量的暴涨预示着存在大规模的支持性买盘。

以下是对这一结论的解释。此前两周，股价分别收跌 1.25 美元和 1.5 美元，但当周成交量飙升时，而股价仅收跌了 0.125 美元。我称这种现象为"股价未进一步延续跌势的同时成交量放大"。在这种情况下，受大量机构买入支撑，股票没有延续跌势，当周收盘价基本持平。

该基础形态中的准确买入点在 18.5 美元。请注意，股价爆发前一周成交量极度萎缩（这个买入点不是很明显，没有人会关注平淡无奇的股价走势）；但股票随后在点 P 处爆发，股价上涨的同时成交量巨大。

也就是在这一周，我们的机构研究公司威廉·欧奈尔＋公司在 1994 年 8 月向机构客户推荐了仁科公司的股票。当时，该股票的 EPS 评分高达 99 分，股价相对强度评分为 87 分。公司的税前利润率是 23.5%，前 5 年的利润增速为 163%。此外，公司管理层拥有 50% 的股权，公司 P/E 为 45 倍（后来涨到了 100 多倍），平均每天的成交量是 14.2 万股。

还有哪些其他窍门能帮助你找到好的基础形态

大多数成功的股票会在股价上扬过程中形成数个基础形态，每个形态都是处于不同"阶段"的形态。股价在第一次形成正确形态（第一阶段形态）时，几乎没有人能发现。一般来说，大多数投资者不会注意到这只股票，所以几乎没有人会买入。只有部分投资者能发现第二个基础形态，但到第三个特别是第四个基础形态形成时，已经非常明显，人人都能看到了。市场常常令人们大失所望，因为大多数走势明显的股票通常行不通。如果在第四阶段形态处买入，80% 的情况下你会是错的，而且第四阶段形态往往恰逢大盘的大幅下挫。如果股价随后反弹，并开始形成新的基础形态，就表明基础形态重新构建。此时你可以重新从头开始排序股价形态。

图表上的股价和成交量变化往往能帮助你辨别股票在什么时候已经见顶、应该卖出，这一信号比利润负面变化所发出的信号要早得多。例如，1980年10月，石油服务类股已经见顶，但大多数股票的利润涨幅仍在100%以上，分析师对未来几个季度的预期也异常乐观。但是，股价和成交量走势已经显示专业投资者在大量抛售。这表明无论基本面有多乐观，投资者都应该卖出。

我浏览历史走势图，想寻找符合我在《笑傲股市》中提到的CAN SLIM选股法则的股票。对好的基础形态而言，量价齐涨的周数应该多于价跌量涨的周数，而且有几周股价窄幅波动，几乎没有什么变化。我希望看到在过去12个月期间出现过1～2次股价上涨的同时周成交量巨大的现象。

在首次突破基础形态之后，大多数牛股会在8周甚至更短的时间内呈现20%的涨幅。因此，我绝不会卖出仅1～4周股价就飙升20%的潜力股。

在60%的情况下，暴涨的股票都不会再回落到买入点位。但是，有时候你可以在股价首次回落到50日移动均线时补仓。

我建议你研究股价图，并开始学会辨别股价形态。你将获得此前未曾有过的发现，更深入地了解股票及股价走势。把股价图剪切下来，保存历年大牛股的股价形态，这样你下次就知道该关注哪些股票了。历史总是在重演。曾在 5 年前、10 年前甚至 15 年前发挥作用的形态今天仍然是有效的,因为人性和投资者心理并未真正发生变化。你可以打开每日图表在线(Daily Graph Online)网站开始研究图表,网址是 www.dailygraphs.com。

请记住大盘回调是自然、正常的调整,不必因此惊慌失措或失去信心。大盘回调能帮助确立新一轮的基础形态。如果没有大盘的回调,正确的杯柄形态会大大减少。正是市场回调推动形成了杯体的左半部分。这一切都取决于你看问题的角度。有了严格的买卖原则及解析大盘指数走势的可靠方法,你完全可以在最高价位附近出售股票,然后等待未来的领涨股形成新一轮的股价形态。到适当的时候新一轮股价形态一定会出现。这些新形态不可错失,所以绝不要因为市场回调而气馁或放弃。

· 小 结 ·

- 大多数成功的股票会在股价上扬过程中形成数个基础形态，每个形态都是处于不同"阶段"的形态。在第三阶段尤其是第四阶段的基础形态往往会失败。
- 图表上的股价和成交量变化往往能帮助你辨别股票在什么时候已经见顶、应该卖出。
- 去研究史上大牛股的股价形态，你将明白自己未来应该关注哪些股票。历史总是在重演。
- 关注杯柄部分形成于基础形态上半部分的形态。
- 对好的基础形态而言，量价齐涨的周数应该多于价跌量涨的周数，而且有几周股价窄幅波动，几乎没有什么变化。
- 在首次突破基础形态之后，大多数牛股会在8周甚至更短的时间内呈现20%的涨幅。因此，我绝不会卖出4周之内股价飙升20%的潜力股。

|第 12 课|

如何评估大盘状况

要成为成功的投资者,把握市场动向非常关键。本课中欧奈尔将告诉你如何解析市场行为。

根据经验，你认为成功投资的基本步骤有哪些

如果你是一名个人投资者（无论是新手还是老手），希望通过投资普通股获取可观收益和上佳表现，以下是你必须学习和遵循的三个关键步骤：

- 首先，你必须制定买入选股规则，帮助自己选择最好的股票，并通过研究股价图来确定准确的买入时间。
- 第二，你必须制定一套卖出法则，告诉自己该何时卖出股票以锁定利润，或割肉止损避免更大的亏损。
- 第三，你必须制定一套具体的方法，告诉你大盘均指何时见顶、何时已转而向下、何时最终筑底并转而向上。你需要的就是这些。

什么是大盘，为什么了解大盘如此重要？买入一只好股票不就万事大吉了吗

大盘走势由一些领先的市场指数，如标普 500 指数、道琼斯工业指数（简称道指）和纳斯达克指数代表。投资者必须仔细评估这些指

数的原因在于当指数见顶随后转而向下步入熊市行情时，3/4 的个股（不论你认为这些个股本身是好是坏）会追随大盘走势，股价下挫。

许多成长股、次级股、劣质股甚至某些科技股的跌幅都有可能达到总体市场的 2～3 倍。更糟糕的是，其中一些股票的股价可能无法恢复或者花上好几年才能恢复。因此，如果大盘下跌 20%～25%，某些股票的价格可能自高点下挫 40%～75%。

因此，先在大盘上扬的周期内获得一笔可观的收益，然后等到大盘陷入熊市后再回吐所有收益的做法是不值得的。比起坐电梯一路向上到最高层后再回到底层，在电梯上升过程中半道出电梯的做法更好。投资者通常要花三四年才能在艰辛中慢慢悟出这个道理。因此，你不仅要学会在正确的时间买入，还要学会在正确的时间卖出。

为什么熊市有时只有几个月，有时却持续好几年

自进入投资行业以来，我经历过 12 次熊市，并且仔细分析过世纪之交以前的 18 次熊市。美国及全球的基本状况通常决定着一场熊市的持续时间和严重程度。

当美国局势糟糕时，道琼斯工业指数的回调幅度会达到 30%～50%。这种情况曾出现在 1937 年（经济危机）、1940～1942 年（第二次世界大战爆发）、1966 年、1969～1970 年、1973～1974 年，以及 1977 年（越南战争、黄金外流、OPEC 国家上调油价、苏联扩张、通货膨胀率飙升及卡特在任期间利率高达 20%）。

如果美国的形势不是很差，如 1948～1949 年、1953 年、1957 年、1960 年、1980 年、1982 年、1990 年和 1998 年，股市跌幅就会小很多，自高点下滑 17%～27%。

奇怪的是，熊市很多时候会在一年的第四季度结束。熊市是正常且必要的，有助于清理此前股市过度上涨的情况。同时，熊市能让市场形成全新的一轮基础形态，出现新的牛市领跑者。而牛市最终会在适当的时间出现在熊市之后。所以，绝对不要失望气馁或失去信心，否则你将错过下一轮牛市。

专家的观点似乎总是与市场相悖，怎么判断谁是对的

我从不听取任何关于市场的个人见解，只会研究领先指标的逐日价格变动和成交量变化。我从不试图对很久以后的市场走势进行预测，而只会努力掌握当下的市场状况——每天如此。市场是否呈现出明确的上行或下行趋势？市场走势是否正常？我们将所有重要的市场指数汇集在一个简单明了的版面上，即《投资者商报》的"大盘 & 板块"版面。我每天都阅读这一版面。

我们将三大关键指数从下到上叠加，帮助投资者看到它们在关键转折点的走势分化。例如，其中一个指数可能跌至新低，但另外一个覆盖范围更广的指数（如纳斯达克指数）走势可能与之背离，维持在前期低点的上方，表明市场的某一部分走势仍然强劲，另一部分却态势疲软。《投资者商报》还在这一版面刊登了共同基金指数，因为该

指数有时候是能反映大盘的指标。此外，该报的独有专栏"市场大观"能帮助你学会如何解释"大盘 & 板块"版面上不同指标所呈现的变化。

我个人还发现，相比每天集中精力关注关键大盘指数的动态和领先个股的走势，大多数技术分析师采用的十几项其他技术分析工具其实远没有如此可靠。

· 小　结 ·

- 大盘走势由一些领先的市场指数，如标普 500 指数、道琼斯工业指数和纳斯达克指数代表。对这些指数的追踪至关重要，因为大多数个股追随大盘走势。
- 忽略关于市场的个人见解，去研究领先指标的逐日价格变动和成交量变化。
- 《投资者商报》的"大盘＆板块"版面能帮助你掌握大盘动态，"市场大观"专栏能帮你解析市场的复杂性。
- 在典型的熊市，大盘会自高位下挫 20%～25%。负面的政治或经济环境可能引发更严重的下跌。

| 第 13 课 |

如何捕捉市场顶部

投资时,市场可能是最重要却最难理解的部分。在本课中,欧奈尔将讲解市场指数的具体含义,以及市场见顶时应该寻找哪些信号。

、懂得何时买入和卖出是投资的关键。本书第 1 课主要解释了为什么股票投资者应该无一例外地在股价较买入价格下跌 8% 时止损。

曾经有人写信说他看过我的书《笑傲股市》，同意书中提到的方法，但不认同止损法则。要让任何方法发挥作用，你必须做到严格遵守所有的规则，而非仅仅遵守你认同的规则。大多数投资者难以做到相信所有的成功投资原则，只有在眼睁睁地看着自己赔掉血汗钱后，投资者才会开始明白股市具有高度投机性，股票很容易下跌 8% 以上。著名金融家伯纳德·巴鲁克曾经说过，"在股市你不必永远都是对的；事实上只要你懂得止损，只要在 50% 的情况下是对的，就可以赚大钱。"

无论股票本身有多"好"，3/4 的股票最终会追随大盘走势。因此，学会捕捉大盘何时见顶至关重要。

在遭遇四五天的"出货"后，大盘通常会转而向下。通过这种方法，我们能轻而易举地捕捉 1998 年牛市的顶部（见图 13-1）。

出货一般表现为股指收低的同时成交量放大，或股市上涨基本停滞的同时成交量较前一交易日放大（股价变化极小）。4 月 22 日（见图 13-1），道指收盘较前一交易日微跌（与垂直线交叉的水平短线代表收盘价），底部的纽交所股票成交量较前一天放大。这标志着投资者当天在出货。三天后在点 2 处，道指暴跌的同时成交量再次放大。这标志着已经出现了两天的出货。六天后到点 3 处，道指收跌的同时成交量增加；再一天过后到点 4 处，投资者抛盘加速，同时成交量再次增长，表明已经有四天出现出货。

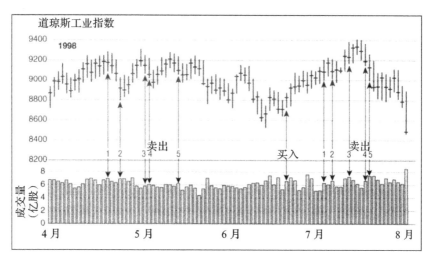

图 13-1　捕捉顶部

注：本图显示 1998 年股市如何见顶。

如果在两到三周的时间内准确地捕捉到四天的出货现象，这通常足以推动股市扭转前期涨势转而下行。有时候如果股市试图反弹至新高，出货的现象可能分布在六到七周的时间内。如果发现市场出现四天的出货，我会开始寻找哪些股票出现的种种迹象预示着它们应该被抛售或减仓（我会遵循第 20 课和第 21 课讲到的个股出售规则）。

如何学会准确捕捉道指出货的交易日

我每天查看《投资者商报》的"大盘 & 板块"版面，因为我不想错过出货信号可能在毫无预兆的情况下突然消失的几个交易日。太过头脑简单、失去警觉、消息不灵通或稍有懈怠都会让你亏钱。

任何人都可以学会捕捉出货的交易日，但要花多长时间才能做到游刃有余呢？问问你自己：你花了多长时间学会开车、打高尔夫或弹钢琴？和其他任何技巧一样，只需要不断练习，你就会逐渐取得稳定的进步。

请注意在图13-1中，第五个出货的交易日出现在一周后的点5处（5月15日）。一旦发现这些迹象，你应该立即停止所有买入甚至开始削减头寸。在不久后的某个点，大盘总会试图向上冲，我们称之为反弹。如果此前有四个或五个交易日出现明确的出货现象，绝不要在看到股市反弹一两天后就沾沾自喜。这可能是一次失败的反弹。市场目前还在下行，直到市场发出明确而有力的"升势确立"（follow-through）信号，你才能开始买入。"升势确立"的交易日通常出现在股市反弹的第四到第七个交易日之间（第14课将有更详细的介绍）。

接下来请注意1998年7月的点1处。当天成交量放大，但道指微幅波动，并没有呈现明显的趋势。该指数几乎停滞，收盘小幅下跌——出货的第一天。两天后的点2处又出现了同样的情形，道指下滑的同时成交量放大。四天后的点3处，道指收盘微跌且成交量放大。在点4处，道指收盘走软的同时成交量再次增加。

同样，这又是四个交易日出现出货的情况，卖出的时候到了。如果你在进行保证金投资，风险可能要翻番。所以，卖出股票，把保证金拿回来，否则你可能受到重创。市场正在告诉你是时候担心害怕而非满怀希望了。第二天（点5），成交量攀升，市场进入了一段较长的下跌行情。

如果此前学习并运用了这种方法，个人投资者没有理由在市场自顶部跌至底部期间始终满仓。市场下跌绝不是偶然的，总是有信息和信号出现。悲伤、无知、自负、骄傲、痴心妄想、犹豫不决和不切实际的期望往往会阻碍人们对市场均指进行客观分析并做出正确的卖出决定。

这些见顶形态似乎反复出现

这种说法是对的。最后再举出一个案例（见图13-2），这一案例能进一步说明你该如何正确地评估市场方向。如果能静下心来研究并

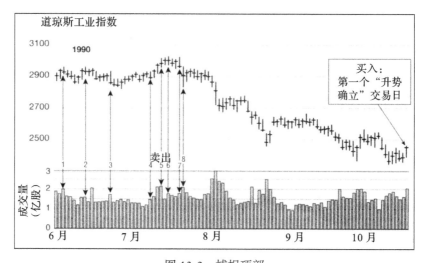

图 13-2　捕捉顶部

注：本图显示1990年股市如何见顶。

学习如何利用这些清晰的信号，就像《投资者商报》一样，那么这个案例对你而言价值不菲。

1990年6月的点1代表前月上行趋势中投资者出货的第一天。在点2处，市场摇摆不定，收盘微跌，且成交量略有增长。但是这仍然代表出货的第二天。在点3处，道指收盘大幅下挫、成交量急剧放大。11天后的点4处，道指走低的同时，成交量进一步增长。

在点5处，道指实际上动能大减，收盘小幅上涨，但涨幅远远不及前两个交易日。同时，成交量巨大，股市收盘价位于当日波幅（最高点到最低点区间）的下半部分。（关键在于道指涨幅大大缩水的同时成交量巨大。）

这就是每天通过市场指数分析供求关系的方法，这个方法具体且重要，只有少数人明白这一点并愿意花时间去学习。

为什么这一点如此重要？道理很简单。如果你不懂得如何解析市场行为，你就必然会亏损更多的钱，因为你会错过明确的卖出机会。点6、点7、点8代表1990年市场顶部的其他出货交易日。此后，道指转熊，跌幅达到22%。任何注意到这八天的投资者都应该会卖出部分股票。此后的一两轮股市反弹以失败告终后，他们会进一步卖出。到1990年8月1日，我已经彻底清盘离场，避免了严重的亏损。

之后的所有反弹均以失败告终，直到10月市场出现反弹行情的第五个交易日，我们能看到第一个有效的"升势确立"信号。此时重返市场开始买入是安全的。

· 小 结 ·

- 懂得何时买入和卖出是投资的关键。
- 无论股票本身有多"好",3/4 的股票最终会追随大盘走势。因此,学会捕捉大盘何时见顶至关重要。
- 在遭遇 4～5 天的"出货"后,大盘通常会转而向下。
- 出货一般表现为股指收低的同时成交量放大,或股市上涨基本停滞的同时成交量较前一交易日放大。此时应该评估自己的投资组合,开始寻找哪些股票出现的种种迹象预示着它们应该被抛售或减仓。

| 第 14 课 |

如何捕捉市场底部

　　欧奈尔不断强调重返市场的最佳时机是在股市回调或熊市周期结束后市场重拾涨势的那一刻。要做到这一点，最基本的是要能捕捉市场底部。在本课中，欧奈尔将讨论该寻找哪些信号来监测市场底部。

准确地掌握市场何时转牛是否真的重要

熊市会带来恐惧、不确定性和信心的缺失。当股市触底并转而启动新一轮牛市时，大量机遇随之而来，但大多数人就是不愿意相信。他们犹豫不决、满怀恐惧。为什么？所谓一朝被蛇咬，十年怕井绳，大多数投资新手甚至专业人士心里已经有了阴影。如果没有一套止损系统或者解析大盘动态的方法，那么在市场回调时大多数人会亏损并受到伤害。

就在下一周期的市场领跑者走到起跑线准备开始这一场制胜之战时，投资者却表现得怯场，因为他们满怀恐惧，没有一套可以遵循的系统或好的投资规则。他们依靠直觉和个人观点，但在像大盘底部这样的关键转折点，这些都毫无价值。在这种关键时刻，永远只有市场本身的观点值得追随。

那么，你如何判断市场在什么时候已经触底并准备好启动一轮令人憧憬的新牛市周期呢？我将在本课的图14-1和图14-2中带你回顾道指1998年如何触底；随后的图14-3和图14-4则纳入了过去20年期间大盘触底的案例。请仔细研究这些图。有了相关的知识和对相关现象的理解，你将获得信心，取得更好的结果。

如何判断市场真正转牛了

在下探过程中,指数会试图反弹或向上回升。牛市通常呈现两三次起伏,其间夹杂着一些失败的反弹,这些反弹往往在三周之内或者在五六周甚至更长时间后告终。

最终,在熊市持续一段时间,几乎所有股票都大幅下挫、股价暴跌,大量负面新闻铺天盖地而来之后,市场会寻获真正的支撑。其中的某次反弹期间最终会确立升势,展现真正强大的向上动力。"升势确立"信号通常表现为三大指数(道指、标普500指数或纳斯达克指数)中的某个指数收盘上涨1%以上,同时成交量较前一交易日大幅攀升。

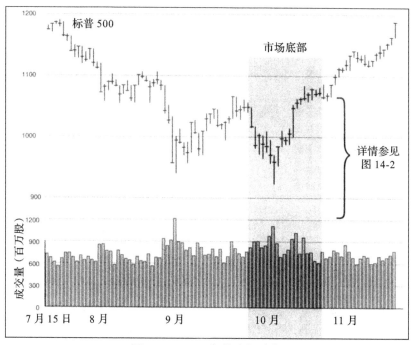

图14-1　1998年的市场底部

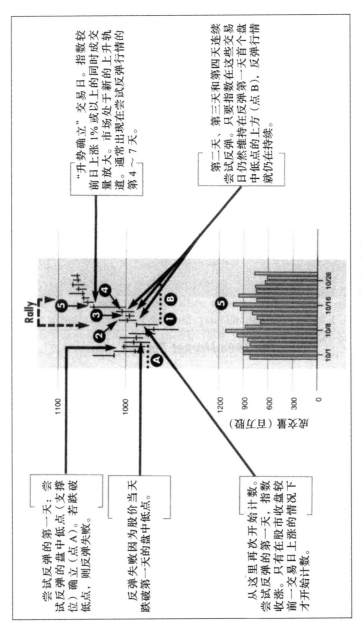

图14-2　1998年的市场底部

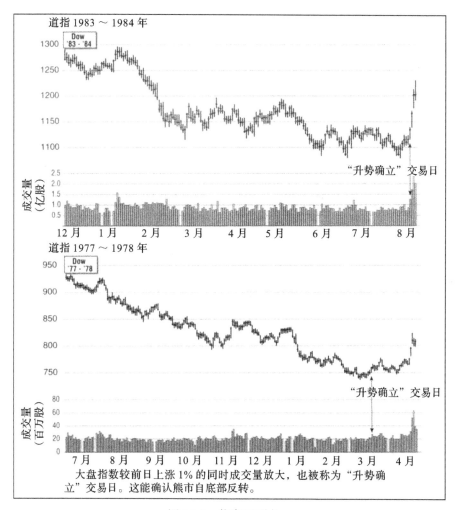

图 14-3　熊市回顾之一

在反弹的第一天或第二天，你很难根据大盘的升势做出过多判断，所以最好不要因此采取行动。反弹行情还需要证明，仍然可能是失败的。市场往往会回落一两个交易日，但仍然维持在低点或支撑位上方。所谓支撑位就是反弹首个交易日的盘中最低价。如果反弹势头得到恢复、展现强大的力量，你会迎来一个有效的"升势确立"交易日，或者称之为市场转折的确认点。这通常出现在反弹行情的第4～7天。如果升势确立交易日出现在第10天以后，则表明市场转折尚可接受，但其势头在一定程度上是疲软的。

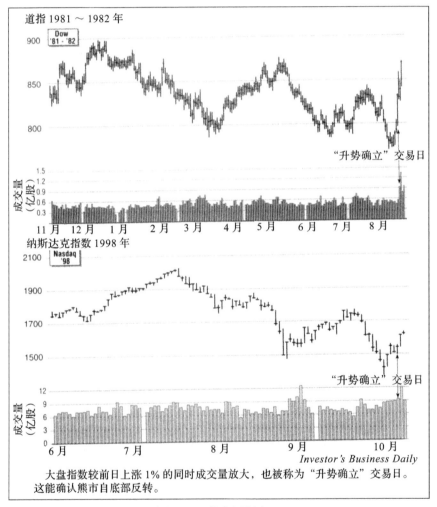

图 14-4　熊市回顾之二

我每天都会在《投资者商报》的"大盘 & 板块"版面查看道指、标普 500 指数和纳斯达克指数的走势。最初的"升势确立"信号可能出现在三个指数中的任一指数，而且几天后另一指数也会跟着发出信号。我通过这种方法仔细追踪大盘指数，从未错过任何一轮新牛市的起点。

大约在 20% 的情况下这些现象可能发出错误的买入信号，但几天后这很容易辨别，因为大盘往往会在成交量放大的情况下迅速而且大幅下挫。

为什么会发出错误的信号？懂得这一方法的大型机构投资者可以推高少数道指成分股或者纳斯达克指数中的少数几只大型科技股，并制造出有效"升势确立"交易日的假象。但是，大多数真正的"升势确立"信号发出后往往会在紧随其后的交易日或者几个交易日后出现成交量放大且指数走势强劲的现象。无论如何，你要观察到令人信服的力量和实力。

市场往往忽略新闻，并比经济超前最多 6 个月。不要让你的决定基于新闻。决定应该基于对大盘如何以及何时真正扭转下行趋势的观察做出。市场几乎不会犯错，人们的观点和恐惧却往往都是错的。

打开"大盘 & 板块"版面后首先应该看哪些内容

我将会把三大指数的逐日评估以及《投资者商报》的共同基金指

数列为首先要考虑的内容。这四大指数很重要，因为共同基金指数追踪市场上某些最佳基金经理的表现，能体现领先基金的状态，为评估大盘状况提供线索。

在这四大指数之后，最重要的是观察龙头股的行为和走势。它们的表现是否正常？大多数领先的股票是否已经见顶？这就是你需要了解的一切，但要准确把握这些信息，必须做出一些研究、积累一定的经验。

在余下的市场变量中，我认为最重要的是美联储贴现率，即联邦基金利率。该利率代表一般银行从美联储借入资金的成本。从理论上来讲，联邦基金利率的下调会鼓励借贷、增加货币供应；联邦基金利率上调的作用则是相反的。

联邦基金利率的下调一般预示着新一轮牛市的到来，但是这一指标不及真正懂得如何解析市场指数的变动可靠。例如，曾有两轮牛市在没有出现联邦基金利率下调的情况下形成，还有三次（分别在1957年、1960年和1981年）美联储下调了利率但市场仍继续下跌。

心理指标怎么样？有哪些心理指标是有用的

的确存在评估大众对市场看法的几项心理指标。这些指标的重要性仅次于上述指标。这些指标表现为看涨投资顾问和看跌投资顾问所占的百分比，以及看跌期权成交量和看涨期权成交量之比。这两项指标都能在《投资者商报》的"大盘 & 板块"版面找到，它们一般都是反向指标。

以卖权—买权比率为例。股票期权投资者会在预测股市上扬的情况下买入看涨期权，在预测股市下挫的情况下买入看跌期权。但是根据历史经验，在关键的转折点，期权投资者对市场方向的判断往往是错误的。如果他们极度看跌，卖权—买权比率就会上升，此时过度的负面预期反而预示着市场即将好转。

还有其他利用"大盘 & 板块"版面的方法吗

在熊市的尝试反弹行情中，腾落线（advance/decline line，根据某个交易日纽交所上涨股票减去下跌股票绘制）有时候是有价值的。当大盘指数试图反弹时，腾落线可能缺乏上升动能。

不过，《投资者商报》的共同基金指数也适用同样的方法。例如，1998 年 8 月，该指数连续三天收于低点，同一时期道琼斯工业指数却试图在较高水平反弹，不过道指不久后就开始快速下跌。

在其他情况下我不使用腾落线，因为腾落线在很多时候会过早发出信号，在市场到达顶部前就发出见顶信号。此外，在某些市场底部，大盘实际上已经转而向上，但腾落线可能发出错误的信号，显示大盘势头疲软。

还有十几项很受欢迎的大盘技术指标，但这些指标的作用十分有限。我发现这些指标可能频频误读市场、判断错误或者直接令人困惑，而你最不希望自己碰到的局面就是困惑不解。

我坚决采用上文提到的几个关键指标。根据我的研究和多年的经验，超买/超卖指标、创新高总股数/创新低总股数、上涨股票成交量/下跌股票成交量、平衡交易量、买入力量/卖出压力比、移动均线和趋势线基本上会让你浪费时间，而且可能导致你在没有必要的情况下分散注意力。它们可能误导你，让你交一大笔学费。

你需要更多的动力推动你学习如何准确捕捉市场底部和新一轮牛市。新一批大牛股会在新一轮牛市启动的第10～15周内出现。思科系统的股价自1990年股价突破熊市底部的新基础形态后开始上涨，股价飙升了15 650%。富兰克林资源自突破1984年的熊市后开始起飞，暴涨了14 900%。1982年9月，家得宝在股价20美元、P/E 58倍处爆发，一路飙涨37 900%。

沃尔玛公司的股票也是先走出1980年市场大幅下挫20%的暴跌行情，随后才持续上涨了13 300%。我在1976年年底开始买入Pic'N'Save的股票，共持有了7.5年，累计涨幅超过20倍。在此期间，股票曾经历1978年的熊市底部。此外，Price公司的股票曾在3.5年期间实现10倍的涨幅，上涨行情也出现在1982年的熊市过后。

在更近期，1998年10月股市完成触底后，我买入了AOL和嘉信理财的股票。此后，AOL较买入价格大涨了456%，嘉信理财也跃升了313%。当市场最终转而向上发出有效的买入信号后，你绝不能错过眼前的绝佳投资机会。

在美国，创业机遇呈现出永无止境的周期，所以不要让自己失去信心。如果市场将你淘汰，令你遭遇困境，这是件好事。仔细想一想自己哪里做错了，从中吸取教训，制定一套更好的买卖规则，绝不要错过新一轮牛市的起点。如果你做好了准备，而且坚持阅读《投资者商报》，当每轮新市场周期启动的时候，一生中的大好机遇就摆在你眼前。

·小　结·

- 熊市会带来恐惧、不确定性和信心的缺失。当股市触底并转而启动新一轮牛市时，大量机遇便随之而来，但大多数人就是不愿意相信。
- 在下探过程中，指数会尝试反弹或向上回升。反弹是指在一段时间的下跌后，某只股票或大盘尝试上探。
- 牛市通常呈现两三次起伏，其间夹杂着一些失败的反弹。这些反弹往往在3周之内或者在五六周甚至更长时间后告终。
- 最终，某次反弹期间最终会确立升势，展现真正强大的向上动力。"升势确立"是指大盘指数较前日上涨1%以上的同时成交量放大。"升势确立"通常出现在尝试反弹行情的第4～10天。
- 道琼斯工业指数、标普500指数、纳斯达克指数和《投资者商报》共同基金指数是分析市场状况、判定市场是否见顶或触底的最佳凭据。同时，观察龙头股的走势也可能成为股市见顶的另一个信号。
- 大多数技术指标的价值微乎其微。卖权—买权比率指标能帮助确定大盘方向的转变。

| 第 15 课 |

系统选股方法

在本课中,欧奈尔将讨论如何在买入前对股票进行全面的评估。

我设定了大量的选股规则，这些规则都是我自 1953 年以来每年对所有成功企业的模式进行研究得出的。

60% 的规则致力于基本面分析，因为我只想买入拥有独特新品或优质服务的好公司。我努力寻找真正的市场领导者，寻找在特定领域占据首位的公司、较竞争对手更胜一筹或者领导地位无法撼动的企业。一旦确定自己已经身处牛市，你应该考虑以下因素：

- 公司当前的季度 EPS 是否同比上涨了至少 25%？利润的同比增速较前几个季度是否有所扩大？公司利润增幅上升 50%、100% 甚至 200% 的季度是否达到了 6～12 个？过去几个季度的 EPS 是否超出预期？如果是成长股，那么股票过去 3 年平均每年的 EPS 涨幅是否达到甚至超过了 25%？公司的 EPS 评分是否达到 80 分以上？

- 如果是转跌为升的股票，公司是否有 2 个季度利润强劲，或者其中 1 个季度的业绩异常强劲，以至于公司的 12 个月 EPS 已经回到前期高点？如果股价的上涨时间已经达到 2 个甚至更多季度，公司的 12 个月 EPS 是否接近或者超越了最近几年的高点？市场对公司未来 2 年的利润预期如何？

- 公司销售额是否连续 6～12 个季度实现大幅增长？最近几个季

度增幅是否有所扩大？

- 当前的季度税后利润率是否处于或接近峰位？过去几个季度是否呈现出利润率改善的总体趋势？公司利润率是否处于业内最高水平？

- 年税前利润率是否在 18% 以上？（零售企业的利润率更低。）

- ROE 是否在 20%～50% 或者超过 50%？ROE 是否处于业内最高水平？

- 公司的销售额 + 利润率 + ROE 评分是不是 A 或 B？这意味着按销售额增速、税前和税后利润率及 ROE 计算，公司处于前 40% 的行列。

- 公司管理层是否拥有股份？

- 股票价格是否位于"优质股价区间"？对纳斯达克股票而言，优质股价区间在 16～150 美元区间；对纽交所股票而言，优质股价区间在 20 美元以上。请记住，思科公司、沃尔玛、微软、仁科和安进公司等大牛股都是在股价位于 30～50 美元区间时突破基础形态开始飞速上涨的。价格就是质量的基本反映，优质股必定不便宜。

- 股票是否属于历史上表现突出的几大板块，包括零售、计算机科技、医疗保健或者休闲娱乐板块？是否属于当前表现最好的五大板块？从《投资者商报》"行业板块"版面的"52 周新高 & 新低"专栏找出表现领先的五大板块。

- 根据《投资者商报》"行业板块"版面的小型指数图表，市场当前青睐大盘股还是小盘股？你必须追随大流，不能逆势而行。

- 市场青睐哪个范围较广的经济板块？是消费品板块还是高科技板块？是高成长板块、周期性板块（随着商业周期上下波动的板块），还是防御性板块（食品、公共事业及其他每个人一直使用的商品或服务）？是新上市的股票还是更老牌的股票？

- 公司的产品是否通过某项新技术帮助消费者省钱、解决问题或者节省时间？是否是一种新药或者新的医学技术？是否存在广泛需求或受到广泛的追捧？是不是鼓励重复购买？

- 公司积压的未完成订单量是否在增长？公司的产能利用率是多少？预计公司未来的扩张速度如何？

- 最近是否有一两家表现较好、策略较明智的共同基金买入了这只股票？这是一种间接的、基本的多方求证方法，因为表现好的基金会在买入前做大量研究。

- 你是否真正理解并信任公司的业务？你是否见过或使用过公司的产品或服务？对公司的了解越深，把握就越大。

经过上述检验，现在你面对的都是真正优质的公司，而剩下40%的工夫要花在技术分析和定时分析上。你同时需要做到两个方面，而非其中的某个方面。一名好的主力投手不仅需要球速快，还需要曲线、变速，以及最重要的一点，需要好的控制力和纪律。

- 订购每日图表服务，如 Daily Graphs 或 Daily Graphs Online，确定自己想买入的哪些股票正在形成好的形态，且机构正在积极买入。股价还必须接近一个适当的买入点。

    分析每周的股价和成交量走势。写下你希望在哪个价位买入股票。首次买入后，确定一个区域，如果股价继续走强，你将在这个区域内小幅加仓。我通常在股价较首次买入价位上涨 2.5%～3% 时进行一次加仓。

    如果股价跌至首次买入价位的 8% 以下，请在当前价格卖出股票，使自己免受更大的损失。长期来看，这一止损法则将帮助你避开严重亏损。

- 你买入的时候股票必须突破一个好的基础形态，且当天成交量必须增加 50% 或以上。

- 股票的价格形态属于杯柄形态、双底形态，还是平底形态？如果不是，价格形态可能失败或者不可靠。

- 股票的股价相对强度评分是否在 80 分以上？走势图上的相对强度曲线是否呈现明显的上行趋势？

- 投资组合管理：保持并不断增持表现最好的股票，坚持或卖出表现最差的股票。要记住，形成好的基础形态且价格处于新高附近的股票比价格接近或处于低点的股票更好。

- 查看股票的长期月线图，看看股票是否正在突破跨越多年的长期基础形态。

· 小 结 ·

- 一旦确定了自己已经身处牛市，你就需要挑选优质的股票。
- 潜在牛股拥有强劲的利润和销售额增速、不断上升的利润率和较高的 ROE（17% 或以上）。它们往往还属于一个领先的板块。
- 《投资者商报》的某些特色数据和"《投资者商报》SmartSelect™ 企业评分"能帮助你挑选优质的股票。

| 第16课 |

如何发掘新的投资理念

《投资者商报》的作用远远不局限于一份报纸,它还是一个研发工具。在接下来的讨论中,欧奈尔将向你展示他如何在《投资者商报》中发掘制胜的投资理念。

每天从哪个部分开始阅读

你应该先浏览短评"市场概述"。这一部分每天出现在《投资者商报》的头版,纳入标普500指数和道琼斯工业指数前日的收盘价及纳斯达克和纽交所的成交量。"市场概述"能让你迅速评估市场走势。头版的"投资者商报十大重要事件"和A2版的"一针见血"(To the Point)栏目旨在就当天最重要的商业新闻为忙碌的读者提供快速概览,帮助读者节省时间。这两个栏目值得一读,特别是如果你没有时间阅读晨报或没有精力阅读晚报。

接下来,你会看"全新美国"版面。这一版面覆盖了一些令人兴奋的新创业公司,未来你可能会涉猎这些公司。"全新美国"版面曾对大量表现突出的股票进行过最初的介绍。在市场青睐科技板块时,"计算机&科技"版面能让你实时掌握哪些公司是行业内最优秀的领导者。

此外,一定要阅读主要的纽交所和纳斯达克股票图表最顶部的"如何使用《投资者商报》SmartSelect™ 企业评分"说明。这一部分是必读的。它能帮助你更好地使用和理解《投资者商报》推出的特色指标,这些指标能过滤劣质股,筛选出最优秀的市场领袖。

"《投资者商报》SmartSelect™ 企业评分"包括五项特色评分。第一项评分是EPS评分,第二项评分是股价相对强度评分。这两项评分从 1～99 分不等，99 分代表最高水平，而且一般情况下两项评分都至少应该达到 80 分。这意味着按过去一年的利润增长记录和相对股价走势来看，该股票的排名至少在前 20%。一项评分低、另一项评分高的情况不可取。

第三项评分是行业相对强度评分，针对的是某只股票所属板块在过去 6 个月的走势。如果选择买入属于领先行业和板块的股票，你的胜率就会大大提高。

第四项评分是销售额 + 利润率 +ROE 评分（SMR 评分），这一评分将四项基本面指标（销售额增速、税前和税后利润率，以及 ROE）结合为一个简单的评分。

第五项评分是进货 / 出货评分。该项评分能确认过去 13 周内机构投资者是在买入还是卖出某只股票。

后三项评分的评分标准更加简单，为 A 到 E。对行业相对强度评分和 SMR 评分而言，A 表明根据这些标准计算，公司排名在前 20%，B 表明公司排名在前 40%，以此类推。进货 / 出货评分的含义略有不同：A 和 B 预示着强劲或温和的机构进货，C 和 D 预示着强劲或温和的机构出货。

应该如何使用《投资者商报》的评分和股票图表

一般而言，你应该避开每股收益评分和股价相对强度评分在 70 分以下的股票。股市可能存在大量评分更高的股票。同样，如果某只股票拥有几项 D 评分或 E 评分，你或许应该寻找更好的选择。优质企业的所有后三项排名至少都应该达到 B。

我每天浏览主要的纽交所和纳斯达克股票图表，看看哪些股票的名称被加粗（表明股价在一个交易日内上涨 1 美元以上，或者股价创新高），查看这些公司的名字、收盘价、波动幅度以及成交量波幅，然后圈出所有我想要进一步研究的有意思的公司。这能让我及时掌握市场信息，并对重大的股票变动了然于心。

你还应该每天阅读"行业板块"版面的"52 周新高 & 新低"专栏，确定当前市场的五大领先板块中哪些股票最为强劲。此外，《投资者商报》"利润"版面的"最佳业绩增长"清单是帮助投资者了解哪些公司的利润大幅增长的信息来源。

你每天都应该研究位于纽交所和纳斯达克表格顶端的"大规模资金流向"清单。这一清单相当于设计巧妙的过滤器，能帮你筛选出在成交量巨大的同时股价上涨或下跌的股票。异常的成交量暗示着大规模机构资金正流入或流出某只股票。至于领先共同基金可能已最新买入的股票，我会每天查看《投资者商报》"共同基金"版面的条形图。

报纸上的小型股价图呢

我还会浏览位于《投资者商报》主版"热议股票"栏目的小型股价图。这些周线图关注股价创新高、接近新高或成交活跃的股票。我会圈出股价模型看上去比较有利的股票。（请参照第 9 ～ 11 课关于好股价形态的例子。）

之后我会对其中某些公司做进一步的研究，并通过使用图表服务来确认是否是时候买入我在《投资者商报》中发现的任何标的。我们提供全面的图表服务"每日图表在线"。

你不应该错过每周五的"一周回顾"。这张长长的清单列出了所有每股收益评分和股价相对强度评分均在85分以上的股票（整个市场排名前15%的股票）。清单按板块表现排列，能帮助你迅速找出领先行业的最佳股票。报纸在每周五还会刊登其中28只股票的股价图。

·小　结·

- 一般而言，你应该避开 EPS 评分和股价相对强度评分在 70 分以下的股票。股市可能存在大量评分更高的股票。同样，如果某只股票拥有几项 D 评分或 E 评分，你或许应该寻找更好的选择。优质企业的所有后三项排名至少都应该达到 B。
- 仔细查看股票图表部分哪些股票的名称被加粗。这表明股价在一个交易日内上涨 1 美元以上，或者股价创新高。你可以在此基础上开始更深层的研究。
- 使用图表服务能帮助你确认是否是时候买入自己在《投资者商报》中发现的任何标的。

| 第 17 课 |

成长投资 vs. 价值投资

广泛来说,股市存在两种类型的投资者:成长股投资者和价值投资者。一般而言,这两类投资者针锋相对,都认为自己所在的阵营代表了最佳的投资方法。

成长投资和价值投资有何区别

成长股投资者青睐利润和销售额持续增长，一般而言即在过去3～5年涨幅超过20%的企业。先灵葆雅、沛齐公司（Paychex）、思科系统和微软应该属于20世纪90年代的成长股。成长股的P/E通常比一般的股票更高，这仅仅是因为它们过去的利润增速高于市场平均水平。

通常来说，成长股拥有某种能让投资者重复购买的优质产品或服务，该产品或服务能带来高水平的利润率和至少达到17%～50%的ROE。同时，市场也普遍预计这些公司在未来一两年将实现大幅的利润增长。

与此相反，价值投资者青睐他们认为被低估的股票。这些投资者研究企业的资产负债表和利润表，寻找显示企业存在某些隐性价值的迹象——如公司账上存在大量现金或不动产等。

价值投资者寻找被低估的股票，喜欢买入P/E或P/B较低的股票。

价值投资者寻求以低价买入股票。他们必须耐心等待，直到市场有可能发现股票的价值，从而推动股价走高。这往往要花更长的时间，而且有时候根本不会发生。

低价买入股票似乎已经成为共识。便宜货不好吗

总体而言，股市是一个自由拍卖场所，大多数股票的售价接近它们实际的价值。换句话说，P/E 为 10 的股票，其价格是每股收益的 10 倍；P/E 为 35 的股票，其价格是每股收益的 35 倍。如果股价或市盈率上升或下降，那么这是因为公司的利润有所改善或陷入恶化。

所以，不能仅仅因为某只股票的 P/E 低就说它价格低；反过来，也不能因为某只股票的 P/E 高就认定它价格过高。你不可能以雪佛兰的价格来买一辆奔驰，同样也不可能以打击率在两成以下球员的工资请到棒球全垒打冠军马克·麦格威尔。

有句老话说得好：你值多少钱就能拿多少钱。行业内最佳企业的 P/E 往往远高于失败的企业。

我们针对 20 世纪 90 年代所有表现突出的股票，包括安进、思科系统、微软、美国在线、埃克森、EMC 及仁科公司构建了模型。在实现 5 倍甚至 10 倍的涨幅之前，这些股票的 P/E 平均在 31 倍。随着股价的飙涨，其中大多数公司的 P/E 上升到了 71～73 倍。

在这些大牛股表现最突出期间，价值投资者全部错过。在我看来，P/E 被错误使用、错误理解，它作为选股工具的作用也被过度强调。利润和销售额的增长才是推动几乎所有股票股价上涨的基本动力。

如果你选择投资股市，而且你不是一名专业投资者，我强烈建议你最好避开价值投资，学会投资最具成长性的股票。要买入销售额、

利润、利润率、ROE 领先同行的企业，迈入从竞争对手手中抢夺市场份额的企业。

为什么要投资成长股

根据我在股市的多年经验和对大量投资者的了解，我从未见过有任何非专业投资者通过价值投资创造了真正优异的表现，但我的确认识许多年收益率在 25% ～ 50% 甚至更高的优秀成长股投资者。

以威廉·欧奈尔 + 公司的基金经理李·弗雷斯通（Lee Freestone）为例，他管理的产品在 1998 年上涨了 271%，1999 年上半年的涨幅也超过一倍。1991 年，年仅 25 岁的弗雷斯通凭借自己的账户（使用真实货币，不是虚拟货币）参加了全美投资大赛，收益率高达 279%。当然，只有真正专心致志、为获得突出回报拼尽全力的人才能拥有这样的纪录。但是你可以通过他了解到，如果愿意花时间真正致力于此，你就可能获得多大的成功。

虽然关于价值投资者的突出案例也不在少数，但绝大多数人不是沃伦·巴菲特。普通人不像他一样拥有大量资源，可以彻底剖析一家公司的财务状况，并准确评估企业的经营模式。

对冲基金投资怎么样

如果你是一名对冲基金投资者，那么你可以买入成长型基金，也可以买入价值型基金。

　　长期来看，基金的表现不会有太大区别，因为它们的历史表现是一样的。我对基金进行了 30 多年的研究，发现了这样一个事实。

　　自 1973 年 1 月起，价值投资派声称价值型基金的表现更好。之所以出现这种情况，是因为价值型基金的波动性更小，在熊市的下跌幅度更小。如果从 1973～1974 年熊市的起点处开始进行比较，价值型基金自然表现更好。但是，如果你从牛市的起点开始比较，如从 1975 年开始比较，成长型基金的表现则比价值型基金更好，成长型基金在牛市的表现更突出。

　　有人倾向于同时购买价值型基金和成长型基金，以确保安全性。事实上，我认为优质成长股的业绩记录略好一些。决定购买大盘成长型基金（持有大型企业）还是小盘成长型基金（投资组合中的股票更新程度、波动性更大，风险也更高）可能也同样重要。

　　真正的关键点在于买入一只业绩优异的国内成长型基金（而非行业或海外基金）。你应该一直持有它。基金真正的赚钱方法在于复利——让钱不断生钱，而不是频繁出入以期准确捕捉每一轮市场走势。

· 小 结 ·

- 股市存在两种类型的投资者：成长股投资者和价值投资者。
- 成长股投资者青睐利润和销售额持续增长、利润率较高、ROE 在 17% ~ 50% 的企业。
- 价值投资者青睐价格被低估、P/E 较低的股票。
- 研究结果表明，史上大牛股股价在飙涨之前，P/E 大幅超出其他股票（平均 31 倍）。
- 共同基金也是很好的投资工具。通过《投资者商报》的"共同基金"版面筛选出表现出色的基金，并记住投资共同基金的成功关键在于买入并长期持有。

| 第18课 |

不要试图面面俱到

许多投资者希望快速致富，因此进行投机性质很强的多种不同投资。在本课中，欧奈尔将解释为什么最好坚持一种投资策略，以及如何通过这一方法让投资回报最大化。

为什么要局限于投资优质的美国股票？很多其他市场和投资工具似乎也能带来可观的回报

刚开始投资时，你会听说各种赚大钱的好机会。这些陷阱包括海外股市、封闭型基金、低价股、细价股、期权、期货、黄金、可转债、垃圾债券、免税证券、房地产投资等，还有查看股票行情纸带、听取最新做客电视台股市节目的股票专家的投资建议。

我个人的规则是：让投资方法保持简单、基础，而且易懂。不要试图面面俱到。没人可以通过押注加拿大矿产项目、买卖期货期权或者交易海外股票大获成功。投资和做人的关键是专心和专注。亏损的风险更大是投资新手或相对缺乏经验的投资者应该避开上述大多数投资工具的主要原因。应该做到简单至上。

美国拥有全球最好的股票市场，有1万多只美国普通股可供选择。如果不能学会如何投资美国股票，就不大可能通过投资大宗商品市场和购买海外股票获利。

你对国外政府的政治和经济政策、国外货币政策和会计制度的完善程度有多少了解？傻瓜总是对智者不敢涉足的领域趋之若鹜。

许多国家在历史上动荡不安。驰骋股市多年的著名华尔街投机专家伯纳德·巴鲁克曾经在墨西哥亏过钱。墨西哥和南美国家目前仍存在同样的投资风险。

某些海外国家腐败滋生，许多美国投资者意识不到这一点。我一直主张避开海外证券。大多数投资者不具备对海外国家的必要了解。

封闭型基金的风险，在于 IPO 后基金价格往往会下挫，跌破其内在价值。由于封闭型基金的价格由市场供求决定，无法保证它们最终能重回基金净资产价值。

为什么不买低价股

低价股——股价在 15 美元以下的股票，之所以低价往往是有原因的。虽然低价买入大量股票看上去很有吸引力，但大多数股票的财务表现非常糟糕，落后于市场上的大多数股票。

你是否愿意把自己辛辛苦苦赚来的血汗钱投入记录糟糕的劣质公司？大多数机构投资者不会买这类股票。低价股的成交通常非常清淡，可交易的股数通常不足以满足大型机构进行大规模买入的需要。同时，正如本书所提到的，推动股价波动的主要力量正是机构投资者。最好的股票股价不可能会是 2 美元、4 美元或者 6 美元。基本面差劲的低价股让人蒙受亏损。

股价在 2 美元以下的细价股可能涉嫌造假，而且买盘和卖盘的差价可能过大。试想一下，细价股的买入价格可能是 5/8 美元，卖出价格却是 1/2 美元。虽然 1/8 美元的差距听上去不大，但股票大涨 20% 你才能回本。

期权和期货市场呢

股票期权赋予投资者在未来特定时间之前以特定价格买入或卖出的权利。例如，如果股票 XYZ 当前的股价是 50 美元，并且你相信它有潜力上涨，那么你可能会买入看涨期权。例如，这一看涨期权可能赋予你在未来六个月以每股 55 美元的价格买入 100 股 XYZ 的股票。如果届时股价涨至 70 美元，你将只需要最初投入一小笔资金买入期权就可以获得可观的收益。

期权是高风险的，因为投资者不仅要把握对股票波动的方向，还要准确判断股价上涨或下跌的具体时间框架。只要能将期权投资规模限制在总投资组合的 10% 以下，买入期权未尝不可。但即便如此，期权的波动性更大，风险也更高。

和股票期权类似，期货交易涉及在未来特定时间买入或卖出某种实物大宗商品或者金融期货（利率、外汇、股指）的合同或合约。

同样，和期权投资一样，鉴于期货投资具有高度的投机性，只有拥有多年成功投资经验的人士才可以尝试。幻想一夜暴富或将很大一部分资金投入期权或期货市场的人是在自找麻烦。期权和期货交易所固有的大幅波动、高杠杆（借钱投资）和时间限制等特性可能让他们蒙受巨额亏损。和普通股相比，期权和期货投资的风险要大得多。

债券呢

可转换债券可以转换为股票。可转债流动性较差，如果你大量借钱买入可转债，可能就会面临较大风险。

垃圾债券是市场上最劣质、风险最高的债券。由于债券的价格和利率息息相关，你必须自问：自己实现在债券交易和利率评估方面有多少经验？接受过多少培训？

要做税费方面的考虑吗

你首先应该做出最佳的投资决定，而非强调税费方面的考虑。我曾见过有人一味地追求节约税费，结果参与了一项回报率很低的节税投资。

如果你没有时间全身心投入普通股交易，我建议你买入一只多元化的国内成长型股票基金，并长期持有。（后文将详细讨论共同基金投资。）

选择过去三年的销售额和利润增速在细分领域排名第一、高利润率和高 ROE 的优质普通股有什么问题？你也可以挑选属于强势板块并受到机构青睐、股价在 15～150 美元之间的股票。这家公司应该拥有某种优质的产品或服务，股价的表现也应该很出色。

只要你不头脑发热幻想一夜暴富，美国就真的是最佳的投资场所。成功的关键包括：多做功课、专注和投入。你可以做到！

· 小 结 ·

- 当你开始投资时，要记住简单至上。只能投资国内股市或共同基金。参与的投资类型越多，就越难持续跟进。
- 一分钱一分货。低价股之所以低价往往是有原因的。
- 期权是高风险的，因为投资者不仅要把握对股票波动的方向，还要准确判断股价上涨或下跌的具体时间框架。
- 鉴于期货投资具有高度的投机性，只有拥有多年成功投资经验的人士才可以尝试。

第 19 课
如何配置投资组合

在本课中,欧奈尔将讨论如何处理投资组合集中度,以创造较大的收益。

应该如何通过不同的股票来分散风险

投资行业的大多数人会告诉你大面积分散投资组合，进行资产配置，也就是说，将你的资金按不同的百分比分散到不同的投资工具中。但是你应该打破这一传统，即便一开始这可能令你不安。在股市中，人云亦云可能让你觉得心安，却不能带来最大的收益。

资产配置就没有任何优点吗

我相信资产配置——简单、基本的配置。将一部分资金投入最好的普通股，然后在股市行情不好的时候将部分资金投资到货币市场基金中。

过度的多元化和资产配置可能导致对投资缺乏热情、不够专注。如果有人告诉你，应该把45%的钱用来买股票，30%的钱用来买债券，10%用来买海外股票，10%用来买货币市场基金，还有5%用于投资黄金，那么在我看来，这是一种错误的配置。虽然这种配置可能更安全，却可能拉低你的总体收益率。或许你根本不应该投资债券、海外股票或者黄金，因为它们会压低你的总体收益率。在经济衰退期间，债券市场会让人亏钱，而且相对而言，债券对冲通货膨胀的功能较弱。

你应该持有多少只股票

在为预防未来经济状况而预留部分资金之后,如果你用于投资的资金规模不超过 5000 美元,你持有的股票数量就不能超过 2 只。如果资金规模为 10 000 美元,2～3 只股票就比较适合。资金规模为 25 000 美元,或许可以持有 3～4 只股票;50 000 美元 4～5 只;100 000 美元 5～6 只。

没有理由持有超过 20 只股票。你不可能很好地掌握超过 20 只股票的信息。股票太多,你的总体收益也会被稀释。

如果发现了其他喜欢的股票怎么办

一开始你就应该决定买多少只股票,然后绝不要突破那个界限。如果你的上限是 6 只股票,而你已经买入了 6 只股票,哪怕诱惑再大,也不要买入第 7 只、第 8 只或第 9 只股票。

如果新的股票吸引力实在太大,那就强迫自己卖出当前投资组合里最不喜欢的股票,再用这部分钱买入这只新股票。遵循这一规则能让你收获更多。

有没有构建集中投资组合的正确方法

让我举个简单的例子:如果你用 10 万美元投资 5 只股票,那么每只股票的仓位是 2000 美元。你不应该每次尝试买入特定数量的股票，而应该每次买入特定且相似金额的股票。

但要记住逐步加仓。绝不要一次性买入 5 只股票。每次买入 1 只股票，给时间让你的股票证明自己，在满仓之前至少呈现一定的涨幅。

是否存在一种买入个股的策略

首次买入个股时只买入 1/2 的仓位，即 1 万美元。如果股价下跌，就不要再加仓。如果股价下跌 8% 以上，就出售所有 1 万美元的股票来止损。

但是，如果股价较你首次买入的股价上涨 2%～3%，而且股价走势看上去不错，那么你或许应该加仓，再购买 6500 美元的股票。此时，原计划 2 万美元的仓位你已经覆盖了 1.65 万美元。接下来，如果股价进一步上扬 2%～3%，你可以继续加仓 3500 美元，完成 2 万美元的仓位，然后不再买入。这样你就在股票初步上涨 5% 的过程中完成了基本的建仓。之后暂时观望，给股票时间和空间上涨。

这种在股票自最初买入点上涨 5% 期间，随着股价的上涨逐步按资金递减的方式加仓的方法被称作"金字塔交易法"。逢高加仓，而不是逢低加仓。

买入和管理股票的时候还应该做些什么

你应该利用图表更准确地定位买入时间。不要追捧股价涨幅已超出基础形态所覆盖区域的股票（参见第 9、第 10 和第 11 课关于基础形态的解析）。

如果你首次买入后股价较买入价格下跌 8% 以上，然后你抛盘止损，那么你相当于付了一小笔保费来保护自己。如果不采取任何行动，那么你可能会蒙受更大的损失。但是 8% 的止损法则不适用于你已经表现出色、获得巨额收益的情况，在这种情况下，你可以搏一搏，更灵活一点儿。

当然，你买入的股票必须符合前文提到的所有基本面标准。它们应该是所在领域的领军企业，连续 3 年 EPS 实现增长，销售额和利润连续多个季度强势增长，等等。要寻找毛利率不断提升，ROE 高于 17%，股价相对强度评分不低于 80 分的品种。股票还应该属于一个领先的板块，且受到机构投资者的青睐。

持有几只股票后你应该怎么做

在持有 3～4 只股票后，你必须学会仔细观察和计算哪只股票的势头最强劲、涨势最迅猛。这可能是你最好的股票，它可能是真正的市场领导者。

因此，你等待适当的时机再次加仓这只领先的股票。你可能应该在股价首次回落至 50 日移动均线时加仓（股价图上的移动均线对股票逐日或逐周的波动进行平滑处理，更清楚地显示股价的长期走势），或者你也可以在股票形成一个跨越七八周甚至更长时间的全新基础形态且即将突破第二个新形态时加仓。

我的意思是有效管理投资组合的方法就是找出表现最好的股票，然后把更多的资金投向这只股票，把更少的资金投向表现不好的股票。你应该将更多的资金（最多可能达到 75%）投向《投资者商报》"52 周新高 & 新低"栏目中排名前五或前六的几个板块。

随着你筛选优质股票的能力不断增强，总有一天你会发现下一个微软。你会懂得如何将更多的资金投入这只股票，让它成为你的重仓股。

如果你在进行保证金投资或者在通过"金字塔交易法"加仓，那么买入领先的成长股更加关键。你必须意识到风险水平大幅上升，如果市场形势不好，你必须通过卖出法则来保护自己。但是在逢高加仓的时候，你绝不要过度兴奋、忘乎所以。不能在高于最初买入价格或二次买入价格的水平加大时买入股数，这样你的平均成本会过高，一旦市场大幅下挫，你将首当其冲。

一旦找到了真正的龙头股，应该怎么办

要管好投资组合，你不仅需要一套买入法则，还需要一套卖出法则。买入龙头股是一回事，懂得何时出手、何时加仓，并最终在股价见顶即将转而向下时卖出以锁定获利却完全是另一回事。

根据这种方法，你可能持有表现较好的股票 1～2 年。一旦表现出不好的苗头，开始远远落后于其他股票，表现差劲的股票会被提早

出售。

你不可能每次选股都是对的，而且你不必每次都是对的。但是每当你犯错的时候，你必须认识到错误，对自己的错误负责，并采取补救措施。如果持有大牛股，你必须懂得如何处理这只股票，确保自己以正确的方式锁定获利，并避免提前出局。

但不是说选股才是最难的部分吗

很多人过去都曾经持有过微软、思科系统或家得宝的股票，但是他们因为某些负面新闻或大盘的回调而出局了。为了避免这种情况的发生，你应该就在找到真正的龙头股后如何正确处理这些股票来制定具体的规则。

除了本书之外，如果你想要重温关于何时持有、何时卖出股票的规则，可以读一读《笑傲股市》的第 10 章。成功投资的整个过程其实真的是靠阅读、研究及从自己的实际投资决定中吸取经验。你一定可以越来越好，越来越聪明。

· 小 结 ·

- 高度的多元化和过度的资产配置是不必要的。将鸡蛋集中到少数几个篮子里,针对它们做足功课,仔细地进行追踪。

- 如果你的资金规模不超过 5000 美元,你持有的股票数量不能超过 2 只。如果资金规模为 10 000 美元,2～3 只股票比较适合。资金规模为 25 000 美元,或许可以持有 3～4 只股票;50 000 美元,4～5 只;100 000 美元,5～6 只。

- 如果你持有的股票数量已经达到上限,但的的确确想加入一只新的股票,那就强迫自己卖出当前投资组合里最不喜欢的股票,再用这部分钱买入这只新股票。

- 首次买入个股时只买入 1/2 的仓位。如果股价上涨了 2%～3%,就小幅加仓。要逢高加仓,而不是逢低加仓。

| 第 20 课 |

投资者必须掌握的
重要卖出法则

投资者总是把大多数时间花在决定买入哪只股票上,他们基本不花时间或者只花少量时间思考何时在何种环境下应该卖出哪只股票。这是一个严重的错误。

应该在制定一套切合实际的卖出法则上投入同样多的时间。如果能很好地买入并很好地卖出,你就可以成为一名非常成功的投资者。没有任何职业体育团队会幻想拥有强大的进攻阵容但没有任何防守队员。在本课中,欧奈尔将介绍他最重要的几项卖出法则。

投资者必须了解的最重要的卖出法则有哪些

当然，第一条法则就是及时止损，保护自己免受更大的亏损。我将低于买入价格 8% 的价位视作止损的下限。一般来说，你的平均损失会略少一些，因为你偶尔可以在股价较买入价格下跌 8% 之前发现这只股票的走势异常。（我将在第 21 课介绍如何判断最新选择的股票可能有问题，并在亏钱之前卖出。）

以下是我总结的另一条经验。如果某只股票的股价呈现出一定幅度的上涨，那么我很少会允许自己在这只股票上亏钱。例如，我以每股 50 美元的成本买入某只股票，然后股价一度上涨至 58 美元或 59 美元。如果在偶然的情况下，这只股票开始回调跌到 50.5 美元，基本没有赚到钱，那么我绝对不会允许自己重复犯错，不在曾经为自己带来可观回报的股票上亏损。通常我会在这一价位卖出，避免亏损。

不过，最重要的卖出法则是使用图表，一开始就在正确的时间买入基本面强劲的龙头股。如果你能做到在好的基础形态中抓住准确的"轴心点"买入股票，你就很少会蒙受 8% 的亏损。实际上，你往往很快就能获得几个点的收益，而且一开始的时候准备一些"安全垫"总是有益的。

如何避免在股票飞涨之前提前出局

你买入的股票中约 40% 的股票会有 1～2 个交易日在最初的买入价附近盘旋，有时候成交量也会放大。不要因为这种正常但大幅的股价回调惊慌失措，只要尚未触及止损位（成本价下方 8% 处），就静下心来耐心等待。有时候股票在数周后才会启动上涨行情。只有耐心等待才能赚大钱。

还有些时候，你的股票可能有一两个交易日跌至略低于 50 日均线的水平。这通常是一种潜在的买入机会，所以不要被吓到，也不要在这时候卖出。

此外，如果龙头股在两三周之内股价上涨 20% 以上，千万不要卖出，进行获利回吐。如果你买入的真的是优质的领先企业，而非劣质、低价的股票，那么短时间内股价涨幅超过 20% 的事实恰恰彰显了它的真正力量和潜在的领导力。

你必须有耐心，给股票更多的时间。大幅的涨势往往需要一定时间的积累，所以在首次买入后至少要给股票 8～10 周的时间，然后再看看股票的走势。在某些情况下，到那时候，股票的涨幅可能达到 40% 甚至更高。

在此之后，你的股票最终启动了上涨行情，而你可以耐心等待，等到任意一条卖出法则被触发，然后在股价上行期间锁定获利。股价仍在上涨，而你要学会如何卖出。

一些卖出法则

连续数月走高之后,约 30% 的龙头股最终会触及"峰位",股价见顶。此时,股票的涨速会较前几周加快,通常在 1～3 周内攀升 25%～50%。股价 10 天可能有 8 天上涨,同时日成交量也逐步放大。

涨势结束前夕,股价的日涨幅可能创下自上行趋势启动以来的最高纪录。一旦发现这种非同寻常的大涨势头,就要卖出股票。根据你的选股标准,你此前可能在大多数人犹豫不决、举棋不定的时候买入,那么现在你要在所有人都异常兴奋、对股票涨势深信不疑的情况下卖出。股市的正确决策往往和市场一致的看法背道而驰。

如果股票的 P/E 较股价最初突破基础形态步入上升轨道时上升了 130% 以上,那么你也可以考虑卖出。

此外,如果股价较上升通道线高出 2%～3%,同样可以考虑卖出。上升通道线和下行通道线分别是指由同一时期内 3 个股价高点或 3 个股价低点连接而成的 2 条平行直线。

这两条平行直线应该依据总体、长期的趋势描绘。跨越很短一段时间的通道线可能不够成熟,所以要确保自己选择的 3 个高点覆盖了几个月。

大多数龙头股可能领先 1 年甚至更长时间。如果你开始焦虑,或者被新闻报道和其他人的观点影响,从而在涨势启动后的第四周、第五周或者第六周锁定获利,那就过早出局了。最终,你会发现自己过早卖出了一路飙涨的大牛股,只能望洋兴叹了。

我建议你回过头复习本书的第 13 课，这一课讲解了如何捕捉大盘见顶。大盘见顶可能是你卖出股票、减持一两只股票的信号。在下一课，我将介绍更多法则，教你通过股票走势发掘获利回吐的信号。这些简单的法则能让你成为一个优秀的股票"买手"和"卖手"。

· 小 结 ·

- 第一条法则就是及时止损，保护自己免受更大的亏损。我将低于买入价格 8% 的价位视作止损的下限。
- 如果股价在两三周内攀升 25% ~ 50%，不要卖出。这表明股票势头强劲，可能是一只真正的龙头股。
- 不要允许自己在曾经带来可观收益的股票上亏钱。
- 你买入的股票中约 40% 的股票会有 1 ~ 2 个交易日在最初的买入价附近盘旋，有时候成交量也会放大。不要因为这种正常但大幅的股价回调惊慌失措。
- 连续数月走高之后，约 30% 的龙头股最终会触及"峰位"，股价见顶。此时，股票的涨速会较前几周加快，股价 10 天可能有 8 天上涨，同时日成交量也逐步放大。
- 涨势结束前夕，股价的日涨幅可能创下自上行趋势启动以来的最高纪录。一旦发现这种非同寻常的大涨势头，就要卖出股票。根据你的选股标准，你此前可能在大多数人犹豫不决、举棋不定的时候买入，那么现在你要在所有人都异常兴奋、对股票涨势深信不疑的情况下卖出。股市的正确决策往往和市场一致的看法背道而驰。

| 第 21 课 |

投资者必须掌握的其他卖出法则

在本课中,欧奈尔将继续他对其他重要卖出法则的讨论。

你对想马上开始投资的人有什么建议

美国是世界上经济实力最强的国家之一，每个人都可以也应该学会在美国投资。读完这本书，你应该具备了成为成功投资者的基础，也了解了相关的法则。有了这些工具，接下来的一切都取决于你能否通过真真正正的实践获得知识、技巧、经验和纪律性。

只要你愿意对自己的左右决策做事后评估，懂得从一些不可避免的错误中吸取教训，你就会越来越好。绝不要让自己因为短期的不顺而气馁。只要能学会关于何时买入股票、买入什么股票及何时卖出股票的相关技巧，你就完全有可能在市场行情好的每一个年份获得50%甚至100%的收益率。你可能要考虑把这本书再读几遍，铭记相关的法则。

还有哪些卖出法则

以下内容是能帮助你在获得大规模收益后进行获利回吐的其他一些卖出法则。

- 如果某只股票的EPS增速连续两个季度出现大幅放缓的迹象，那么你应该可以卖出。（例如，如果此前EPS连续多个季度的涨幅都达到100%，但如今涨幅先后收窄至30%和20%。)

- 如果股票突破一个基础形态，但突破当天或当周的成交量较此前有所下滑，这表明关键时刻市场对股票的需求疲软。在大多数情况下，此时你应该卖出股票。正常来说，成交量此时应该较平均水平放大40%～50%才对。

- 如果股价突破基础形态的当天成交量巨大，但股票未能很快发出"升势确立"信号，股价连续多天放量下行，跌至可能较突破点低出4%～5%的水平，这说明股价形态可能失败。在大多数情况下应该减仓或者全部卖出。不要灰心，你不可能每次都错。

- 如果股价数月来实现较大幅度的上涨，并在此过程中形成了数个基础形态，等到股价第四次突破基础形态，可能就应该卖出股票了。到这时候，每位投资者都注意到了这只股票，而在股市，人人看得到的股票基本都无所作为。

- 如果特定板块的龙头股股价放量下挫，而且迟迟不能重拾动能，那么该板块的大多数股票可能会受到冲击，应该考虑卖出。

- 如果股票涨势的持续时间超出一两个月，且开盘跳高，开盘价远高于上一交易日的盘中高点，此时就应该卖出股票。这通常预示着股价"最后一个阶段"的波动。有一个术语叫作"竭尽缺口"（exhaustion gap），描述的就是这种情况。不过，如果缺口竭力成为一个健全的基础形态，这就通常不是问题。所以，不要将竭尽缺口和出现在股价突破形态早期阶段的缺口混淆。

- 有时候如果股价收跌且成交量创出自几个月前涨势启动以来的最高水平，这可能就是一个警告信号，提醒你考虑卖出。
- 有时候我会卖出一只赚钱的股票，因为该股票的涨势不及我持有的另一只股票强劲。这笔钱可以用在表现更好的股票上。

1990 年下半年我卖出了在家得宝的仓位。家得宝是一家优秀的企业，我此前正是在对的时间点买入，我确定这只股票的股价即将翻一番，但是我想投入更多的资金买安进公司的股票。安进的股票势头相对强劲，市场对其盈利预期更为乐观，股价有可能翻两番。这种情况很少见，却能说明你必须随着时间的推移不断学习，准确把握哪只股票才是真正的龙头股。

增强卖出能力的最佳方法是什么？养成每年对自己一年来所有买入和卖出决定进行分析的习惯。使用图表服务，分析自己是在哪点位买入和卖出每只股票。

将让你赚钱的决定和亏钱的决定区分开来。花几个星期对这两类决定进行研究。你是否在带来收益的一类决定中找到了相同的线索？是否在导致亏损的一类决定中发现了共同的问题？

我保证你会发现一些有价值的东西，这些能帮助你制定一两条新法则，纠正你此前可能一犯再犯的错误。要客观，要愿意正视错误。

大多数人不愿意花时间研究和分析自己的哪些做法是对的，哪些做法是错的，但这正是推动你不断进步、真正对所做之事游刃有余的方法——在股市、人生中都是如此。个人看法、自傲自满、给自己保住面子、非要证明自己是对的等做法在股市绝对有害无益，而且可能让你付出巨大的代价。因此，你最好学会客观地分析自己的错误。活到老，学到老。

· 小 结 ·

- 如果股票的 EPS 增速连续两个季度放缓，就卖出这只股票。
- 如果股价数月来实现较大幅度的上涨，并在此过程中形成了数个基础形态，等到股价第四次突破基础形态，可能就应该卖出股票了。
- 有时候你应该卖出一只赚钱的股票，因为该股票的涨势不及你持有的另一只股票强劲。这笔钱可以用在表现更好的股票上。定期复习本课及第 20 课的卖出法则，学习并记住这些法则。

| 第 22 课 |

如何通过投资
共同基金大赚一笔

相对于对个股的观点,威廉·欧奈尔对共同基金的看法截然不同。

你怎么看待共同基金

共同基金是为许多个人投资者创造的最佳投资工具。投资共同基金方便简单，无论个人、企业还是政府退休项目都可以广泛参与进来。

共同基金受到热捧的一个原因是投资成本相对较低。各个基金通过汇集许多个人的资产来实现规模效益，从而做到在削减投资成本的同时为投资者创造较高的长期回报。

在我看来，美国多元化股票基金永远是投资的首选。我不喜欢债券型基金、收益基金、平衡基金、行业基金或海外基金，原因很简单，你无法全面了解你需要了解的所有不同类型的基金。

同时，由于大多数实际的增长由在美国交易所上市的公司实现，为什么不专注于投资你所熟悉公司的基金呢？我认为，大多数情况下，和私募创投、贷款、艺术品、硬币、储蓄和贷款、信托及房地产投资相比，共同基金是更好、更安全、更具流动性的投资工具。

你青睐哪类基金

股票基金包括价值型基金和成长型基金。前者投资股价被低估的股票，后者关注利润持续增长的股票。股票基金还可以划分为关注小盘股的基金和关注大盘股的基金。根据资产管理规模计算，有的基金规模较大，有的基金规模较小。

无论投资于哪类基金，你都应该遵循那些被证明了的、基本的法则。简单至上。不论是小盘股基金也好，基金的基金也好，新推出的封闭式基金也好，你不一定要选择最炙手可热的一只。

你选择的基金不一定要是当年表现最好的基金。如果看一看《投资者商报》的"共同基金"表格，你就应该能做出不错的选择。《投资者商报》的三年业绩评分对所有基金进行打分，分数从 A+（业绩前 5%）到 E（业绩垫底）不等。你还应该避开波动最频繁、波动幅度最大的基金，因为这种基金投资于低质、成交量更低、风险更大的股票。如果基金规模扩大，或者市场行情走熊，那么这些股票的人气会不及其他股票。

应该什么时候卖出基金

在购买共同基金之后，成功的秘诀只有一个。并非人人都能理解或有耐心执行这个秘诀。秘诀的内容很简单：永远不要卖出一只国内的多元化成长基金。可以这么说，你到死也不能卖。

原因如下：跨越 200 年的美国股市均指对数图显示，随着人口、经济和生活水平的不断提高，美国市场也在逐步增长。图 22-1 就是这幅对数图。

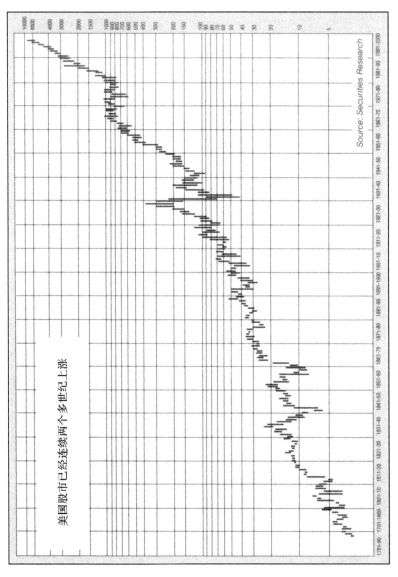

图 22-1 长期视角

事实上，我们在取得第二次世界大战的胜利后，这一自然的增长率有所加快。我们经历了战争、经济萧条和衰退等各种不同的境遇，我们的自由和机会体系已被证明是全球最成功的体系，发明和创新不断推动我们以其他国家难以企及的速度前行。受恐惧和信息缺乏的影响，很多人持续低估美国体系、美国人民和美国经济的深度和实力。

和其他投资一样，你的共同基金投资也会遇到一些下行行情。但是，这真的没有关系，因为一只由专业人士管理的多元化投资组合在特定时候一定会和经济一起反弹和回暖。

在复利的推动下，选择正确的基金每五六年可能翻一番。复利是指不断让新赚的钱继续累加到本金里继续生钱。

如果初始投资规模是 5000 美元，五六年下来你就可能拥有 1 万美元。再过五六年，你的共同基金投资规模就不只增长 5000 美元而是增长 1 万美元了。再过五六年，资金规模会继续增长 2 万美元，然后 4 万美元、8 万美元，依此类推。

这里关键就是复利。正是基于这个原因，我建议你永远不要卖出一只好的美国成长股基金。如果你下定决心做一次永久的投资，复利将为你带来一笔不可思议的巨额财富。静心等待，别再担心。走出去享受生活。

如果再重复几次上述的情形，8 万美元会变 16 万美元，16 万美元会变 32 万美元，而你最初的投资规模仅有 5000 美元！如果每个月或每年追加资金，并且在每次熊市暴跌时追加资金，赚的钱还会更多。如今，在美国，任何一个人都可以通过投资共同基金成为百万富翁。

等到你 65 岁或 70 岁的时候，你还是不用出手。如果要花钱，就制订一项每月或每个季度的提取计划，每年大概取出 7%～8% 的资金。

你是否应该分散基金投资组合

随着时间的推移，买入第二只或第三只基金没有问题，你可能会买入成长型基金、价值基金或者指数基金，但是不要让基金数量达到 8 只甚至 10 只，因为大多数情况下，这会让你的收益每年稀释 3%～4%。过犹不及，过度多元化可能会起到相反的效果。

大多数共同基金公司拥有一个由 20～50 只基金组成的基金家族。不论在牛市还是熊市他们都能发掘投资标的和客户需求，因为可供选择的基金数量众多。也正因如此，资产配置，即将投资组合特定比例的资金分配给不同类型的投资工具和基金，被广为采纳。

不过，我并不是资产配置项目的鼓吹者，因为虽然它们给投资者一种安全度上升的暗示，但实际上资产配置会让你的总体年收益率下降，而且如果涉及收费的基金销售项目，大幅度的多元化可能会将你推向佣金更高的基金类别，从而导致成本上升。

此外，伴随资产配置而来的是更多地转向某个特定种类而避开另一个种类的建议。长期来看，这种转变并不会让业绩提升。根据我的估计，你每年都会因这种错误的行为砸一两个点的资金。为什么？因为根据历史记录，大多数业内人士并不是预测市场顶部、底部或者趋势转变的真正行家。

同时，我不会计较于基金管理费是高是低，投资组合换手率和佣金收费是高是低。无论费用和交易频繁度如何，最重要的是基金的业绩纪录是否强劲。如果你要做心脏手术，你会到处搜索信息，然后找报价最低的那位医生吗？

我也不会仅仅因为基金规模扩大就卖出某只基金。在大盘股受追捧的时候，规模或许能成为一种优势。那些买了富达麦哲伦基金和杰纳斯基金的投资者至今还在享受复利带来的甜头。20世纪90年代末，这两只基金都跑赢了标普500指数。

· 小 结 ·

- 无论是成长型还是价值型，美国多元化股票基金总是你的最佳选择。
- 选择《投资者商报》评级为 A 或 A+ 的基金，这些基金在过去 36 个月的业绩是最好的。
- 永远不要卖出一只国内的多元化成长基金，坚定持有，不断让钱生钱、利滚利。
- 不要买入太多只基金，过度的资产配置只会稀释你的总体收益。
- 长期复利是通过投资共同基金成为百万富翁的关键。

| 第 23 课 |

保持阅读的习惯

如果你是一名业务繁忙的高管、专业人士或个人投资者，希望在这个信息过剩的时代保持消息灵通，请保持阅读的习惯。接下来的一课可能是无价的。

《投资者商报》专门为高效地呈现当天所有重大新闻并大大缩短有利于投资决策的研究时间而设计。本课将介绍如何每天花二三十分钟读完《投资者商报》。

你建议投资者通过哪些版面来了解新闻和快速更新

快速浏览头版前两个专栏的"IBD 十大新闻故事"和第三栏"市场概述"的短评框，读一读你感兴趣的短评，然后快速浏览 A2 版面"一针见血"栏目的标题，只看你认为重要的短评。

《投资者商报》的前两个版面被划分为旨在为你提供当天重要新闻并帮助你节约宝贵时间的一条条短评。现在很少有人有时间看两三份报纸或看电视。

如果你是一名高管，对职业生涯的进一步发展很感兴趣，你可能应该在《投资者商报》的头几个版面多花点儿时间。你应该浏览以下特稿专栏的标题：

- "全新美国"专栏，实时掌握创业公司的新点子、新想法和新产品。这些公司可能成为新的市场领跑者。

- "领袖 & 成功"专栏，从世界级领袖和各行各业成功人士身上获取重要的知识。你将获得可操作性强的观点，能帮助你实现进一步的成功。

- 和"领袖 & 成功"专栏一样，"商业 & 经济"专栏是每一位管理者的必读专栏。

- "计算机&科技",关注高科技话题和产品,由我们驻硅谷办公室的经验丰富的记者撰写。留意哪些文章是等你有空闲时希望阅读的。

读者从哪里寻找市场信息

在介绍《投资者商报》包含的独家股市信息之前,我先让大家了解这些信息的开发过程。

继对 1953 年以来成功股票进行多年的潜心研究之后,《投资者商报》的兄弟公司开发了第一个美国股票历史数据库。目前,这个数据库追踪近 10 000 家上市公司及 9600 只共同基金的 3000 多项数据。最大的机构投资者(共同基金、银行等)都在使用这个数据库,通过它筛选股市的明日之星。

《投资者商报》每天将电脑数据库中的资料打印成纸板,对总体市场进行评估。它基于全面的股市研究,针对股票上涨的最重要因素提供相对评分、评级和特殊的筛选工具。根据相同研究调查来看,作用不明显的因素被淘汰。因此,在《投资者商报》的股票图表上,股息、P/E 等因素占据的篇幅较小。

如何在《投资者商报》中发现潜在龙头股

《投资者商报》中特有的股票图表为你完成了 80% 的研究工

作，而且节省了大量时间。我建议你阅读并理解"《投资者商报》SmartSelect™ 企业评分"说明中对股票评分的解释，这段说明的位置在纽交所图表版面的顶部。

大多数人只利用这些股票图表来查询所持股票的股价信息，他们通常不懂得也没有学会如何利用《投资者商报》上重要的独家信息。《投资者商报》和地方报纸或《华尔街日报》的商业版面不同，它是一个用途广泛的研究工具，包含能帮助你寻找新投资方法的管家分析和评分。读报的时候一定要拿一支笔，这样你就能标记自己想要进一步研究的股票。

在记住这些以后，我如何通过《投资者商报》发现更好的新理念并确切地掌握市场动态？

我会先看纽交所和纳斯达克图表最上方的"大规模资金流向"列表。这些列表突出成交量较正常水平增幅最大的股票（表明机构正大量买入或卖出）。我会看一看哪些股票收涨，然后迅速浏览一遍加粗的股票。随后，我会从上到下扫一遍纽交所和纳斯达克图表，只把注意力放到加粗的股票上。

《投资者商报》会将涨幅达到或超过 1 美元以及股价触及新高的股票字体加粗。我圈出部分字体加粗同时"《投资者商报》SmartSelect™ 企业评分"较高的股票（见图 23-1），这些股票通常是我比较熟悉而且可能希望进一步研究、发掘新投资机会的股票。

接下来，我会查看"利润新闻"栏目的"最佳业绩增长"清单。这一部分会列出最新公布的季度利润涨幅最大的企业。

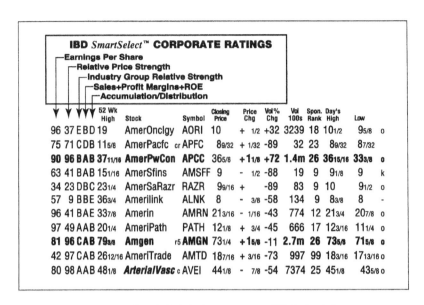

图 23-1 《投资者商报》SmartSelect™ 企业评分

除了股票图表、特殊筛选工具和小型图表之外，共同基金板块也能很好地帮助投资者发掘潜在市场领跑者，而且得到顶级基金经理的关注。

具体来看，我还会查看"美国十大持仓排名""卖出排名"，尤其是当年表现尤为强势的两三只基金"最新买入排名"中前两名或前三名的股票。这一信息出现在"制胜共同基金"版面的基金介绍资料里。

一般来说，每 15～20 只股票中只有一只股票的"《投资者商报》SmartSelect™ 企业评分"较高，同时还受到优质基金的青睐。在一定的时间后，你将能更轻松地判断共同基金对哪些加粗的股票感兴趣，哪些股票的走势图上出现了形成健全价格形态或者其他能反映机构买入的信号。经过这个百里挑一、高度严格的筛选过程，你应该会找出几只高评分的股票供自己做进一步研究，并考虑买入。

使用图表服务能为你节省进一步的研究时间，并且随着你不断地学习，这有助于提高你的选股水平和择时水平。

你如何判定大盘和行业趋势

我强烈建议你每天读一读"大盘 & 板块"版面的"市场大观"栏目。该栏目通过层层深入的分析并结合相关数据对重要的市场动态进行专业的概括，并辅以图表对关键指标加以说明。我还会查看纳斯达克指数、标普500指数和道琼斯工业指数每天的价格和成交量图表及量价变动数据。

接下来，你一定要仔细阅读"行业板块"版面"52周新高 & 新低"栏目中创新高股数最多的前五个行业。无论何时，这都是判定市场领先板块的绝佳方法。最后再看一眼名为"大盘成长基金 vs. 小盘成长基金"的图表，可以了解当前是大盘股还是小盘股在引领市场。这能帮助你将投资组合集中在需求旺盛的证券上。

《投资者商报》远不只是一份报纸，它是一个基于历史模型的优质研究工具，而这些历史模型已经得到了检验。《投资者商报》能帮助你高效地锁定最佳行业的最佳企业。每天花20～30分钟看《投资者商报》能助你踏上投资的成功之路。

· 小　结 ·

- 《投资者商报》专门为高效地呈现当天所有重大新闻，并大大缩短有利投资决策的研究时间而设计。
- "全新美国""计算机&科技""投资一角"等特写专栏囊括了最新的投资理念。
- 《投资者商报》特有的股票图表能帮助你挑选潜在的市场领导者，这些图表包括简单易懂、便于使用的独家分析数据。
- 在开始选股之前，你必须评判大盘走势。"大盘&板块"版面的"市场大观"栏目能告诉你市场当前发生了什么。

| 第 24 课 |

最大限度地利用在线资源

独立研究机构英特里斯特（Intelliquest）将《投资者商报》与《华尔街日报》《财富》《福布斯》《商业周刊》及《巴伦周刊》进行了比较，并将《投资者商报》评为在高端计算机的使用和购买者这一类的读者中排名第一的财经资讯媒体。《投资者商报》的读者精于计算机的使用，许多人将报纸和网上资源相结合，以节省用于判断和研究潜在投资机会的时间。

网络作为研究媒介怎么样

如今,几乎没有什么信息是在网络上找不到的。问题已经不再是信息量过少,而是过多的信息量让我们眼花缭乱。

网络具有两面性。一方面,如果你对自己想要找什么及去哪里找一清二楚,那么网络很方便,可以帮你节省时间。但另一方面,如果你想寻找"好点子",并试图评判海量的数据,那么你很容易在网络世界里失去方向。

能不能将《投资者商报》和网络相结合

我认为将《投资者商报》和网络相结合能产生很好的"化学作用"。网络能让你看到所有信息,从企业财报到股票走势图,再到推手们最新推荐的一切内容。但是噪音太多,你是否有时间和专业能力来评判所有可得的信息?你知道该信谁吗?信息来源是哪里?在铺天盖地的大量信息中,你能准确感知哪些是相对重要的吗?

《投资者商报》的特征是清晰和真实。可以把《投资者商报》当作你的过滤系统。它提供特殊的筛选工具,帮助你从1万多只股票中锁定潜力股。《投资者商报》对目前(被认为)最全面、覆盖面最广的数据库进行挖掘。

超过 400 家规模最大的机构，如富达基金、摩根大通、Putnam 等，也在使用相同的数据库做研究。这个数据库是美国唯一一个基于多年潜心研究的关于最成功股票具体评判标准的数据库。

《投资者商报》旨在帮你完成大部分的功课。追踪 1 万只股票，每天做一张工作表，对每家企业的数百项变量加以比较，以判断它们的相对投资潜力。这要花你多大的成本？你的时间又值多少钱？单单追踪网络信息、提取不同网站的零星观点是无法让你了解市场全貌的。

你是否看到了网络存在的一些问题

人们对网络的安全性存在错误认识。由于网络上的信息铺天盖地，大多数人并没有考虑信息提供者可能存在的偏见。不论他们的服务是否收费，网络上的大多数信息供应者并非完全出自善意。相反，每一个网站都是为了盈利。虽然的确有很多不错的网站，但是也存在实际上从事股票推销生意的网站。

网络相对而言是一种新兴事物，随着信息的自由传播，很容易出现侵权行为。很多人在网络上遇到麻烦。美国证监会正对涉嫌通过网络利用投资者的组织进行调查。

《投资者商报》是一家全国性的商业和金融报纸，本着独立、客观的原则提供相关的市场事实和数据。客观数据能减少基于冲动和情绪的决定。相反，有时候聊天室和论坛对一只股票的讨论存在过多的偏激，夹杂着过多的感情色彩。

有时候这会形成一种羊群效应，很容易让人基于炒作而非关键事实做出草率的决定。我们每天和通过网络形成投资理念的用户讨论，然后将《投资者商报》用作核对客观事实或者证实某种现象的资源。

为了将事实和炒作区分开来，我建议大家去访问各企业官网、交易所网站，并通过 EDGAR 数据库查阅企业文件。上网后，可以看一看《投资者商报》的网站 www.investors.com，浏览新闻、研究报告和教育课程。

订阅后方可享受的"每日图表在线"服务提供覆盖 1 万多只股票、针对 70 多个基本面和技术变量的图表和数据。该服务和《投资者商报》使用的是同一个数据库。你可以点击 www.dailygraphs.com，开始免费体验。

· 小　结 ·

- 如今网络上过多的信息量让我们眼花缭乱。在访问网站进一步查找信息之前，先通过《投资者商报》找到最好的股票。
- 《投资者商报》一站式提供最重要的信息，帮助你节省时间。
- 要考虑网络供应者提供的信息可能存在偏见。

| 附录 A |

如何从成功模型中汲取经验

欧奈尔多年来潜心研究在股市和人生中的成功方法。在本部分中,欧奈尔将讨论为什么研究成功模型如此重要,并分享了他的一些发现。

为什么研究成功的模型如此重要

如果没有针对最成功的股票和投资者构建和研究模型,《投资者商报》就不会存在。

多年前,我根据顶级对冲基金在两年期间所做的每次新股投资构建和研究模型。通过那次分析,我掌握了最佳股票投资的关键特征及买入这些股票的最佳时间。

虽然是白手起家,但通过观察成功模型而吸取的经验,加上基于自身投资失误所做的分析,几年后我得以在纽交所购买了一个席位。

从那时候开始,我继续针对1953年至今所有出色的上市公司构建和研究模型。通过学习这些成功模型所获得的信息和原则带来了大量成功的投资决定。相应地,这使得我们有能力创办《投资者商报》。

在《投资者商报》所有有价值的数据、图表和统计资料背后,我基于多年的研究、建模,通过创造真正有效的专有股票数据库打下了坚实的基础。这也正是很多人通过《投资者商报》获得成功的原因。一旦学会如何利用《投资者商报》独有的评分、图表和筛选工具,他们的投资结果通常会出现明显的改善。

研究成功股票模型的方法是否同样适用于找出成功人士的共同特征

我们曾经问过自己这个问题，答案是肯定的。当十几年前我们第一次开始对成功人士进行报道时，有人质疑这些报道和《投资者商报》的主旨格格不入。但事实上，订阅《投资者商报》的读者同时也在寻找着推动自我提升和成长的方法，这正是从成功方法及成功人士身上学习的另一种简单方法。

《投资者商报》对来自各个领域的数百名领军人物进行了研究，其中包括生意人、运动员、艺术家、医生、宗教和社会领袖等。我们发现这些人具有十项共同特征，正是这十项特征的结合使得他们走向了巨大的成功。

这些特征给我们带来启发，所以我们后来设置了"领袖&成功"和"投资者商报十大成功秘诀"版面。这些版面是针对公司管理者和潜在领导者甚至子女教育的出色培训工具。

每个人都能从这些积极的故事和例子中学习经验，受益匪浅并受到启迪。和普通的人物传记不同，《投资者商报》的"领袖&成功"版面超越对个人突出成就的介绍，对他们的实际经历和曾经采取的做法进行介绍。你能看到他们是如何取得成功，他们在通往成功的路上跨越了哪些障碍。

这些都是我们每个人马上就能运用到实践中的知识，能帮助我们转变想法、培养新习惯，激励我们更上一层楼。

成功人士的十大习惯

我们的研究发现了以下共同的领导力特征。

（1）正面思考。几乎毫无例外的，所有成功人士都会正面思考。他们会思考成功而非失败。无论局势如何困难，他们都能保持积极的态度。这一点让他们能够从困难和问题中恢复过来。他们的态度决定了他们的命运。

曾在20世纪80年代带领洛杉矶湖人队四次夺冠的NBA教练帕特·莱利说，他的父亲曾对他说过一段让他永远难以忘怀的话，"重要的不是你身上发生了什么，而是你如何做出反应"。成功人士不会受悲观认识或环境的负面影响。去研究曾经克服重大难关的成功人士，看一看他们是如何做到的，你又能做些什么。

（2）领袖们会根据自己想要什么、追求什么做出有意识的决定。然后，他们会制订具体的计划来实现目标。虽然穆罕默德·阿里15岁的时候只有115磅①重，但是他下定决心，自己唯一的目标就是成为全球重量级拳击冠军。

（3）目标取决于行动。我们发现领导者和成功人士的行动力都很强，他们总是积极采取行动。

沃尔玛创始人山姆·沃尔顿曾在圣迭戈造访 Sol Price 期间参观了他们的第一家会员仓储店。就在当天晚上，沃尔顿回到阿肯色州，让建筑设计师熬夜画出了新山姆会员点的草图。决定和行动应该迅速且

---

① 1磅 ≈ 0.454千克。

同时做出。

（4）成功人士学习的脚步永不停歇。他们阅读书籍、参加额外培训以获得新的技巧，并积极寻找导师。

在研究过程中，我们有一项有意思的发现。你基本上很早就能根据成功人士在儿时所做的两件事情预测他们后来的成功。从小学三年级一直到高中，他们曾承担各种角色、担任各种职务，而且他们在很小时就喜欢阅读。由于大多数人读书不多，阅读者往往成为领导者。曾带领加州大学洛杉矶分校（UCLA）十次夺得大学篮球联赛冠军的约翰·伍登曾经说过，"知其然更要知其所以然"。

（5）毫无疑问，成功是坚持和勤奋的结果。领导者们将成功视作马拉松，而不是短跑。他们不会让自己气馁，他们永不妥协。

在成名之前，披头士乐队被所有唱片公司拒绝。迈克尔·乔丹曾被高中篮球队淘汰。爱因斯坦的数学考试成绩曾经是F。在带领球队夺冠之前，约翰·伍登已经在UCLA执教15年。爱迪生曾经说过，"人生中的一大失败是当人们放弃时，并不知道自己离成功只有一步之遥"。

（6）成功人士懂得分析细节，找出所有事实。很多成功人士被视作完美主义者，因为他们对细节和研究的注重超出了正常的水平。他们还会自我剖析。成功人士会放下自尊心认真从失败中吸取经验，以不断提高自己。

（7）集中时间和财力是成功者的另一个重要特征。成功人士懂得不断积累财力、集中时间办事。他们不会让其他人或事转移自己的目标。亨利·福特曾经说过，对于任何目标，一个人"白天必须时刻想着它，晚上做梦都要梦到它"。

（8）成功往往意味着不走寻常路，勇于创新。大多数成功人士能找到不同的更好的做事方法，而且在此过程中往往受到批判。当电话的发明者贝尔向西方联盟（Western Union）负责人出售自己新发明电话机的部分权益时，该公司本来是有机会进行创新的，但这个负责人以如下的回应拒绝了这个提议："我们要这个有意思的玩具干什么呢？"山姆·沃尔顿鼓励他人"逆流而上，不走寻常路，不要在乎传统的想法"。他说，"如果每个人都按同样的方法做事，那么你很可能能通过反其道而行之找到适合自己的定位"。

（9）成功人士能和他人进行有效的沟通和相处。他们指导别人，激励别人，启发别人。戴尔·卡耐基的《如何赢得朋友及影响他人》可以说是这一方面的圣经。

（10）长期的成功源自正直。我们研究的这些成功者都诚实、可靠、有责任感。他们为身边的人树立榜样，绝不会放弃自己的原则。做不到最后这一点，前面九点都没有用。

任何人都可以通过努力做到自己在领域的第一。正如股票交易一样，如果你肯对从成功模式和范例中提炼出来的特征进行研究并加以运用，你同样可以实现巨大的成功。

| 附录 B |

投资者的成功和失败案例

要成为一名更好的投资者，你肯定会在股市经历成功和失败。成功和失败都是必经的，但是从自身及他人的错误中吸取教训，并减少自己未来犯错的概率，这一点非常重要。在附录 B 部分，欧奈尔将分享他见过的成功和失败的投资案例。

你脑海中想到了哪些成功和失败的案例

我在一家健身房运动,记得有两个40多岁的人曾经走过来跟我说他们曾经在20世纪80年代参加过我们的投资研讨会。我问他们持有的投资收益怎么样。其中有一个人说他持有了一些石油股,1998年这些股票大概下跌了20%。

鉴于这些股票的股价相对强度和EPS评级都很低,我问他,他的选股策略是基于哪些原理。他回答说:"我是一名长期投资者,我做好了投资好几年的准备。"这位先生完全依靠自己的个人观点和情绪,而不是一套已经被证明有效的法则做出买卖决定。

另外一个人的故事很有意思。他通过了CPA考试,大学五年学习了大量金融和财务课程,是一名训练有素的专业人士。他接着告诉我,他觉得市场太疯狂了,这一切都是非理性的,股票的P/E水平很荒谬、很离谱,等等。

当我问到他在股市的成绩时,他告诉我他在1987年就被淘汰出局了,因为他开设了保证金投资账户,满仓投资一只30美元的劣质股,后来这只股票股价暴跌,跌到3美元。我对他说:"这正是我把8%的止损线列为第一大法则的原因,这样你就不会沦落到不得翻身的地步。"

虽然他承认自己买了我们推出的所有培训磁带、书籍和宣传册,但他眉头紧锁，感到有点儿尴尬，因为他并没有真正去看、去读这些资料，并没有付诸实践。

自我主义和过度自信对投资决定有何影响

很奇怪，很多高智商的聪明人能够将其在学校和培训中学到的东西很好地运用到自己选择的职业中，却不能在股市中同样运用他们所学到的东西来获取成功。

这些人很聪明，却没有相应地取得成功。在股市中，高智商根本不是一种优势。实际上，聪明可能成为阻力，因为聪明往往与自我主义和过度自信相伴。经过这些年，我慢慢意识到在股市太过自我绝对是致命的弱点。太过自我的人总是试图证明自己比市场更聪明，如果某些做事方式和他们习惯的方式及过去的经验相违，他们就会停止学习，堵住自己的耳朵。

你能举出一些正面的例子吗

有位40多岁的女士对我表示感谢，她此前参加了我的投资课程。这位女士提到，她在股市的表现简直超出了自己的想象。根据自己学到的知识——只投资高EPS和股价相对强度、高利润率、在所属领域处于领先地位的股票，这位女士买入了Gap、英特尔、思科系统和微软等股票。

另外一位女士在一次研讨会开始之前走向我,把我介绍给了她的两个儿子。她带他们过来,让他们学习投资。等两个小伙子转过身去,走到一定距离之外时,这位女士悄悄地告诉我,遵守这些法则已经让她赚了100多万美元。

还有一个小伙子这些年来大概参加了30次免费的《投资者商报》研讨会,以及11~12次付费的全天讲习班。他有一年获得了150%的收益,几年下来收益率超过1000%。我很奇怪他为什么一次又一次地参加研讨会。他告诉我他必须不断来参加,让自己的焦点停留在这些关键点上,而不至于被外界的各种噪音干扰得失去方向。

另一位年纪稍长一些的先生几年前曾在一次研讨会的提问环节站出来。他告诉听众他在20世纪80年代参加了我们的一场研讨会,当时我们提到了家得宝。在做了一番研究之后,他买入了1000股家得宝的股票。而这一次他回来是要问我该怎么处置这笔钱(股票已经涨了八倍)。我告诉他去买一辆凯迪拉克,好好享受享受。

我还见过一位女士,她依靠股市赚的钱为上医学院的弟弟提供学费。

你还有想分享的其他例子吗

此外,1998年夏天,我有一次在健身房听到两个年轻小伙子聊天,他们谈起雅虎的股价过高。我当时正好持有一些雅虎的股票。在听到他们的不屑,发现市场令大众感到失望之后,我意识到雅虎的股价可能要上涨。后来，他们转移了话题，其中一个人告诉另一个人他在几天之前买了一只 1.5 美元的股票。

我曾两次在健身房听到有人给朋友提出了这样一个"明智的"建议："如果你买入股票后，股价下跌，那就不断加仓，股价会反弹的。"据我所知，并非所有下跌的股票都会反弹。

还有哪些最后感言

就像我之前提到一位女士带着自己的儿子来参加研讨会一样，很多父母和老师都使用《投资者商报》对孩子进行金融方面的教育，并帮助他们培养竞争力。马萨诸塞州一群七年级的学生通过使用《投资者商报》在选股大赛中击败了专业基金经理。

《投资者商报》不仅能提供投资培训，还能提供人生培训。我很高兴地收到了来自父母们的大量信件和邮件，他们使用"领袖 & 成功"版面教孩子们阅读。

不仅仅是孩子。不久前，我收到了一封感人至深的信，这封信来自被囚禁在一所州监狱的年轻人。他在信中写道，"领袖 & 成功"版面的文章让他和他的同伴们开始重新思考人生，思考回到社会后应该怎样生活。

我希望这本书能帮助你在对职业生涯和人生的投资中获得成功。我们每天都收到很多稿件，我对希望和我们分享成功经验的人们心存感激。我希望你们在人生的各个领域获得丰收。祝你们好运！

推荐读物

- 《笑傲股市》[1]—威廉·欧奈尔
- 《投资存亡战》—杰拉尔德·勒伯
- 《观盘看市》—汉弗莱·尼尔
- 《股票作手回忆录》—杰西·利弗莫尔
- 《股票大作手利弗莫尔回忆录》[2]—埃德温·勒菲弗
- 《精明的投资者》—伯顿·凯恩
- 《我如何在股市赚了200万》[3]—尼古拉斯·达瓦斯
- 《在股市大崩溃前抛出的人:巴鲁克自传》[4]—伯纳德·巴鲁克
- 《彼得·林奇的成功投资》[5]—彼得·林奇
- 《如何买股票》(入门读物)—路易斯·恩格尔
- 《投资者商报》

---

[1][2][3][4][5] 本书中文版已由机械工业出版社出版。——编者注

词　汇　表

（利润、销售额增长）**加速**：表明公司势头强劲。一般来说，增长加速是指公司的利润或销售额同比增速较上一季度有所扩大。业绩最好的公司在过去 3～4 个季度的利润和销售额增速都会出现较大幅度的增长。例如，XYZ 公司的利润增速可能如下：第一季度 +20%，第二季度 +27%，第三季度 +52%，第四季度 +59%。

进货：机构或专业投资者买入股票。

进货/出货评分：《投资者商报》的一项独家评分。该评分是"《投资者商报》SmartSelect™ 企业评分"的一部分，追踪过去 13 周某只股票机构买入和卖出的力量对比。进货/出货指数每日更新，评分从 A 到 E 不等。各评分等级分别有以下含义：

A= 强劲买入

B= 温和买入

C= 买卖力量均衡

D= 温和卖出

E= 强劲卖出

腾落线：腾落线由纽交所每个交易日的上涨股数减去下跌股数而

得出。作为一种技术指标，腾落线经常被投资者错误使用和错误解读。

年收益：公司增长势头的长期指标，通常是指公司特定年度的每股收益。

卖盘价和买盘价：用于决定一只股票能以怎样的价格买入或卖出。买入通常发生在卖盘价，即卖方所愿意接受的最低卖出价格；卖出通常发生在买盘价，即买方所愿意支付的最高买入价格。二者之间的距离被称为"价差"。

资产配置：将投资组合按特定比例配置到不同类型的投资工具（股票、债券、海外股票、现金储备或现金等价物、黄金、共同基金、期货、期权等）中。

逢高加仓或逢低加仓：逢高加仓是指在首次买入股票后，随着股价的上涨而买入更多股票。如果投资者最初在一个正确的买入点买入股票，且此后股价已经自买入价格上涨2%～3%，投资者可能加仓。逢低加仓是指随着股价的下跌而买入更多股票。这么做风险较大。你永远不知道股价何时止跌。

未完成订单：通常是指公司已经接受但尚未交付的订单或销售额（未完成订单增加通常意味着企业经营状况走暖）。

熊市：大盘指数（如道琼斯工业指数、标普500指数和纳斯达克指数）下挫15%～25%，优势跌幅甚至达到50%的时期。熊市通常持续大约9～12个月，但有时候也可能只有3～6个月。

大盘股：大盘股是指流通股数量较大的股票，如微软、IBM和AT&T。

蓝筹股：长久以来因优质的产品和强劲的基本面，如 EPS 和盈利能力等，而享誉全国的上市公司股票。

债券：代表发行方（借方）和投资者（贷方）之间债务关系的一种借据。发行方定期支付特定的利息，债券到期后，发行方将借入的本金归还给投资者。

牛市：三大指数总体上行的市场周期，这个周期可能持续数月或数年。

CAN SLIM 选股法则：威廉·欧奈尔选股策略的首字母缩写组合。CAN SLIM 选股法则以过去 45 年所有大牛股所具备的 7 项共同特征为基础。欧奈尔在《笑傲股市》一书中对这一法则进行了详细的介绍。

- C：可观或者加速增长的当季每股收益和每股销售收入。

- A：年度收益增长率——寻找收益大牛。

- N：新公司、新产品、新管理层、股价新高。

- S：供给与需求——关键点上的大量需求。

- L：领军股或拖油瓶——孰优孰劣。

- I：机构认同度。

- M：判断市场走势。

现金账户：所有交易都通过现金来实现的证券账户。

通道线：在股价走势图上，通道线是指由同一时期内三个股价高点或三个股价低点连接而成的两条平行直线。通道线往往跨越几个月。如果跨越时间过短，通道线可能发出不成熟和不准确的信号。

峰位：在经历数月的上行趋势之后，股价在 1～2 周内突然加速。这通常出现在股价上涨的最后阶段，表明后期的股价波动将趋缓。股价触及峰位的同时往往伴随着股价的跳高。根据欧奈尔的研究结果，许多大型龙头股以这种方式见顶。

封闭式基金：封闭式基金公司出售限定数量的基金单位。这些基金单位在大型交易所交易，价格随市场供求而波动。和开放式基金不同，你不能保证自己能以和基金净值相等的价格出售手中的基金单位。

佣金：券商代表投资者买卖股票而收取的费用。

大宗商品：农产品、金属、金融指数、木材、布料等商品。

复利：通常见于对共同基金的描述，指将获得的收益继续用于投资，利滚利，钱生钱。

市场业绩预期：市场对公司未来一两年潜在利润的总体预期。

反向指标：逆向投资者使用的特定心理指标。根据历史经验，当这些反向指标触及某个极端时，往往预示着相反的市场行为。例如，某些逆向投资者认为，当市场上的大多数分析师看涨时，市场可能即将见顶。同样，如果大多数分析师看跌，那么他们相信市场即将启动新一轮涨势。

回调：大盘指数或个股的下跌。

杯柄形态：由威廉·欧奈尔提出，是进行技术分析时应该关注的三种基础价格形态之一。之所以被称为杯柄形态，是因为该形态的轮廓酷似一只有柄的咖啡杯。

周期股/行业/板块：某只股票、某个行业或板块随着商业周期而上涨或下跌（如铁路、航空、铜、钢铁、汽车、房地产等板块）。

每日图表在线：为个人投资者提供覆盖数千只股票的大量基本面和技术指标图表服务，有印刷版和网络版。

防御股/行业/板块：大多数投资者认为更稳定、更安全的个股或板块，包括公共事业、烟草、食品、洗护、软饮、商超等行业。这些行业主要覆盖生活必需品和重复购买商品。

出货：大型机构投资者卖出股票。

多元投资：将投资资金分散在多种投资工具中，以期降低投资组合的风险。

双底形态：轮廓酷似字母"W"的价格形态。进行技术分析时应该关注的三种基础价格形态之一。

道琼斯工业指数：广为市场关注的指数，追踪纽交所30只大盘蓝筹股的每日股价走势。一般被视作体现美国经济健康状况的指标。

每股收益（EPS）：由公司总税后利润除以总流通股数得出，可以用作衡量公司成长性和盈利能力的指标。

EPS 评分：《投资者商报》的独家评分之一，"《投资者商报》SmartSelect™ 企业评分"的一部分。股票评分从 1～99 分不等，99分为最高峰。EPS 评分对一家公司当前及年度的利润增速和其他上市公司进行比较。评分在 80 分以上的公司，其年利润增速超越了 80%以上的公司。

竭尽缺口：用于描述股票开盘调高，开盘价高于前日收盘价的技术术语。"竭尽缺口"通常预示着股价波动已经进入最后阶段。

美联储：监控、管理并影响美国货币供应、银行系统和利率走势的政府机构。美联储通常通过买入或卖出政府证券，或采取其他监管行动达到上述目的。

美联储贴现率：一个重要的市场变量，指成员银行从美联储借入资金的成本。美联储贴现率下调能鼓励借贷，增加货币供应；上调则会起到相反的作用。

平底形态：进行技术分析时应该关注的三种基础价格形态之一。通常在股票突破杯柄形态或双底形态后出现。平底形态中的股价至少有五周在相当窄的一个区间波动，调整幅度不会超过8%～12%。

基本面分析：每只股票背后的数据和统计信息。基本面分析对企业的利润、销售额、ROE、利润率、资产负债表、市场份额以及公司产品、管理层、行业状况等进行评估。基本面分析决定股票的质量和吸引力。

成长基金：专门持有成长股的共同基金。

成长股/行业/板块（成长股投资）：企业、行业或板块拥有收入和利润快速扩张的记录。成长股通常不派息。它们将资金用于再投资，支持企业的进一步成长。历史上有3/4的大牛股是成长股。

杯柄：欧奈尔所提出杯柄形态的组成部分。杯柄代表这一形态的最后一个阶段，有时可能只持续一两周，有时也可能持续数周。杯柄部分必须沿股价低点下行或震荡。这有助于排除买入后股价出现必要回调或价格回落的可能性。正确的杯柄区域股价的跌幅很少超过10%或15%。要么接近底部时成交量明显萎缩，表明卖方力量减弱；要么出现几波窄幅波动的行情，最终估计基本没有变化。

《投资者商报》SmartSelect™ 企业评分：包括五项独家专有研究评分，目的是帮助投资者筛选劣质的股票，识别潜在龙头股，节省时间，并显著提高选股质量。这些评分包括：

- EPS 评分；
- 股价相对强度评分；
- 行业板块相对强度评分；
- SMR 评分；
- 进货／出货评分。

首次公开募股：企业对外首次公开募股的目的是基于特定原因（如减少负债、研发、业务扩张）筹集资金。这些股票先是被出售给投资银行，投资银行再通过零售经纪机构将股票卖给公众。研究结果表明，大多数最成功的股票在上市八年内开始启动巨大的涨势。

机构投资者：从事投资的共同基金、银行、养老金、保险公司等。股市的大多数交易源自于机构投资者，机构对个股及大盘走势的影响都是巨大的。

机构持股：指机构投资者持有企业股票的情况。股票市场需求的最大来源是共同基金及其他机构买家。在买入股票时，股票背后是否有机构的支持非常重要。

管理费：共同基金的管理机构每年因监督和管理基金投资组合而收取的少量费用，通常为 0.5 个百分点。

管理层持股：管理层持有的普通股占比；占比上升意味着管理层的忠诚度上升。

保证金账户：允许你从券商借钱买股票的证券账户。

市场底部：大盘创出低点，随后走势开始逆转，逐渐走高的一段时期。

基金经理：为共同基金、银行、养老金、保险公司等机构管理投资组合的专业人士。

货币市场基金：投资国库券和最高等级政府债务的基金。

共同基金：由收取少量管理费的专业投资公司所管理的多元化投资组合。投资者购买基金份额。

基金净值：除去基金管理费后每个基金份额的净资产。

股票期权：赋予投资者在未来的特定时间内以特定价格买入或卖出股票之权利的合约。期权波动性极高，可能意味着极大的风险。

买入点：随着股票突破一个适当的基础区域或基础形态，股价创出新高而出现的最佳股票买入点。根据欧奈尔的研究，在这一个点，股价的上升阻力最小，而且上探的概率最高。

投资组合管理：指持有多少只股票；重要的股票权重搭配及加仓、建仓或出卖股票的策略和方法；随着时间的推移，如何调整投资组合、制定投资决策。

P/E：理论上是指当前的股价除以过去 12 个月的每股收益。

P/B：股票价格除以总资产和总负债之差。

利润表：企业每个季度或每个年度发布的报表，显示企业盈利能力及企业收入和支出。

利润率：衡量企业盈利能力，等于企业年利润除以收入所得到的百分比。

ROE：衡量企业财务状况的指标，能判断一个企业的资金运作效率。根据历史记录，涨幅最大的股票在启动涨势前 ROE 为 17% ~ 50%。

板块：由一系列类似的行业组成。板块的概念比行业大，例如高科技或消费品板块可能包括几个不同的行业。

证监会：为管理和监督证券行业而设立的政府监管机构。

震荡：导致人们因恐慌而离场的大幅回调或调整行情，随后股价走势会出现逆转，开始回升。

空头：从券商处介入股票，然后再卖出股票，期待股价下跌的投资者。他们随后必须在市场购买此前借入的股数，赚取股票出售价格和第二次购买价格之间的价差。做空比较复杂，不建议新手或经验不够丰富的投资者涉足。

小盘股：流通中的普通股数量相对较少的股票。

技术分析：主要通过图表对个股或大盘的价格和成交量波动进行研究，分析市场的买卖状况。

换手率：年交易股数占共同基金所持有总股数的百分比。衡量基金交易活跃度的指标。许多激进的成长型基金换手率更高。

价值投资：关注价值被低估股票的投资策略。价值投资更注重基本面，而较少强调技术分析。价值型基金是指投资于被低估股票的基金。

波动性：衡量股票价格波动幅度的指标。波动性表现为股价大幅、频繁地上下波动。

成交量：每天或每周交易的股票数量。诠释股票供求的关键变量。

作者简介

威廉·欧奈尔是《投资者商报》的创始人和董事长,同时是畅销书《笑傲股市》的作者。他出生于俄克拉何马市,在得克萨斯长大,作为一名股票经纪人开始了自己的职业生涯。欧奈尔先生的第一笔投资规模不到 500 美元,但是通过不断的学习、从错误中吸取教训,凭借着对股市运行规律追根究底的强大热情,1962 年 10 月~1964 年 12 月,他的个人账户资金规模在 26 个月内增长了 20 倍。1963 年,年仅 30 岁的欧奈尔先生在纽交所购买了一个席位,并设立了自己的投资管理和研究公司威廉·欧奈尔+公司(William O'Neil+Co.)。

威廉·欧奈尔+公司是第一家创建电脑股市数据库的公司,如今这个数据库覆盖了全国 400 多家大型机构用户,包括银行、保险公司、养老基金、共同基金、企业和政府机构。欧奈尔希望为个人投资者提供像专业人士一样的关键数据,以帮助他们制定更明智的投资决策。基于这种想法,1984 年,他又推出了《投资者商报》。通过和威廉·欧奈尔+公司签订的一项特殊合同,《投资者商报》可以获得历史证券数据库的资料,并出版在其报纸之上。

译者后记

译者虽然很早就接触过欧奈尔的理论，但至今终究非其门徒，因此在此写译者后记心里难免有几分忐忑。不过，作为一名"旁观者"，或许能更客观地给读者提供一些思考。

在写序前，译者对欧奈尔先生的资料考究了一番。

欧奈尔1933年3月25日出生于俄克拉何马市，在得克萨斯州长大。毕业于南卫理公会大学，获得商学学士学位，并曾在美国空军服役。

1958年，欧奈尔开始他的投资生涯，在洛杉矶的Hayden, Stone & Company证券公司担任经纪人。1960年，他参与了哈佛大学的第一期PMD（管理技能发展）项目。经过潜心研究，欧奈尔发明了CAN SLIM选股法则，并成为公司业绩领先的经纪人。1963年，他创立威廉·欧奈尔+公司，并买下纽交所的交易席位，时年仅30岁，创下最年轻经纪人拥有纽交所交易席位的记录。

1972年，欧奈尔推出"每日图表在线"，每周为订阅者提供印刷版的股票图表。

1973 年，创办了欧奈尔数据系统公司，提供快速印刷和数据库出版的服务。

1984 年，欧奈尔创办《投资者日报》，将自己的数据库研究成果以印刷版形式推出，并和全国性商业报纸《华尔街日报》竞争。成立 10 年后，该报的付费发行量达到 149 557 份，且公司声称报纸覆盖的读者量达到 85 万。

1991 年，《投资者日报》改名为《投资者商报》。

1998 年，"每日图表在线"推出了一款全面的在线股票研究工具。2010 年又推出在线股票研究工具 MarketSmith，成为新一代的每日图表在线产品。

欧奈尔是畅销书《笑傲股市》和《股票投资的 24 堂必修课》的作者。

欧奈尔从一名经纪人到创立自己的欧奈尔数据系统公司，无疑是名出色的企业家。他创办《投资者商报》，同时著书立说，扮演着"散户灯塔"的角色。

虽然，欧奈尔先生的 CAN SLIM 选股法则并没有得到公开而长期的投资业绩来证明其有效性，但该理论在中国颇受欢迎，很多专业人士进行了研究与实践。那么，欧奈尔先生的投资方法在中国 A 股市场究竟是否可行呢？在 2011 年 9 月 15 日，华泰联合证券的谢江先生做了《欧奈尔投资哲学在 A 股市场的量化实践》的研究，进行了很好的探索，有兴趣的读者可以进行参考。

译者长年从事证券投资实践，深知通往投资成功之路有很多条。要成为一名成功的投资者，好比在武侠世界中修炼武功一样，降龙十八掌和独孤九剑都很好，但关键是找到适合自己的科学的投资系统和方法，并坚持不懈地修炼提高。我想，欧奈尔先生已经通过24堂课深入浅出地把其投资秘诀传授给大家了，只要各位读者喜欢这套方法，坚持钻研，必有所得。

推荐阅读

序号	中文书名	定价
1	股市趋势技术分析（原书第11版）	198
2	沃伦·巴菲特：终极金钱心智	79
3	超越巴菲特的伯克希尔：股神企业帝国的过去与未来	119
4	不为人知的金融怪杰	108
5	比尔·米勒投资之道	80
6	巴菲特的嘉年华：伯克希尔股东大会的故事	79
7	巴菲特之道（原书第3版）（典藏版）	79
8	短线交易秘诀（典藏版）	80
9	巴菲特的伯克希尔崛起：从1亿到10亿美金的历程	79
10	巴菲特的投资组合（典藏版）	59
11	短线狙击手：高胜率短线交易秘诀	79
12	格雷厄姆成长股投资策略	69
13	行为投资原则	69
14	趋势跟踪（原书第5版）	159
15	格雷厄姆精选集：演说、文章及纽约金融学院讲义实录	69
16	与天为敌：一部人类风险探索史（典藏版）	89
17	漫步华尔街（原书第13版）	99
18	大钱细思：优秀投资者如何思考和决断	89
19	投资策略实战分析（原书第4版·典藏版）	159
20	巴菲特的第一桶金	79
21	成长股获利之道	89
22	交易心理分析2.0：从交易训练到流程设计	99
23	金融交易圣经II：交易心智修炼	49
24	经典技术分析（原书第3版）（下）	89
25	经典技术分析（原书第3版）（上）	89
26	大熊市启示录：百年金融史中的超级恐慌与机会（原书第4版）	80
27	敢于梦想：Tiger21创始人写给创业者的40堂必修课	79
28	行为金融与投资心理学（原书第7版）	79
29	蜡烛图方法：从入门到精通（原书第2版）	60
30	期货狙击手：交易赢家的21周操盘手记	80
31	投资交易心理分析（典藏版）	69
32	有效资产管理（典藏版）	59
33	客户的游艇在哪里：华尔街奇谈（典藏版）	39
34	跨市场交易策略（典藏版）	69
35	对冲基金怪杰（典藏版）	80
36	专业投机原理（典藏版）	99
37	价值投资的秘密：小投资者战胜基金经理的长线方法	49
38	投资思想史（典藏版）	99
39	金融交易圣经：发现你的赚钱天才	69
40	证券混沌操作法：股票、期货及外汇交易的低风险获利指南（典藏版）	59
41	通向成功的交易心理学	79

推荐阅读

序号	中文书名	定价
42	击败庄家：21点的有利策略	59
43	查理·芒格的智慧：投资的格栅理论（原书第2版·纪念版）	79
44	彼得·林奇的成功投资（典藏版）	80
45	彼得·林奇教你理财（典藏版）	79
46	战胜华尔街(典藏版)	80
47	投资的原则	69
48	股票投资的24堂必修课（典藏版）	45
49	蜡烛图精解：股票和期货交易的永恒技术（典藏版）	88
50	在股市大崩溃前抛出的人：巴鲁克自传（典藏版）	69
51	约翰·聂夫的成功投资（典藏版）	69
52	投资者的未来（典藏版）	80
53	沃伦·巴菲特如是说	59
54	笑傲股市（原书第4版.典藏版）	99
55	金钱传奇：科斯托拉尼的投资哲学	69
56	证券投资课	59
57	巴菲特致股东的信：投资者和公司高管教程（原书第4版）	128
58	金融怪杰：华尔街的顶级交易员（典藏版）	80
59	日本蜡烛图技术新解（典藏版）	60
60	市场真相：看不见的手与脱缰的马	69
61	积极型资产配置指南：经济周期分析与六阶段投资时钟	69
62	麦克米伦谈期权（原书第2版）	120
63	短线大师：斯坦哈特回忆录	79
64	日本蜡烛图交易技术分析	129
65	赌神数学家：战胜拉斯维加斯和金融市场的财富公式	59
66	华尔街之舞：图解金融市场的周期与趋势	69
67	哈利·布朗的永久投资组合：无惧市场波动的不败投资法	69
68	憨夺型投资者	59
69	高胜算操盘：成功交易员完全教程	69
70	以交易为生（原书第2版）	99
71	证券投资心理学	59
72	技术分析与股市盈利预测：技术分析科学之父沙巴克经典教程	80
73	机械式交易系统：原理、构建与实战	80
74	交易择时技术分析：RSI、波浪理论、斐波纳契预测及复合指标的综合运用（原书第2版）	59
75	交易圣经	89
76	证券投机的艺术	59
77	择时与选股	45
78	技术分析（原书第5版）	100
79	缺口技术分析：让缺口变为股票的盈利	59
80	预期投资：未来投资机会分析与估值方法	79
81	超级强势股：如何投资小盘价值成长股（重译典藏版）	79
82	实证技术分析	75
83	期权投资策略（原书第5版）	169
84	赢得输家的游戏：精英投资者如何击败市场（原书第6版）	45
85	走进我的交易室	55
86	黄金屋：宏观对冲基金顶尖交易者的掘金之道（增订版）	69
87	马丁·惠特曼的价值投资方法：回归基本面	49
88	期权入门与精通：投机获利与风险管理（原书第3版）	89
89	以交易为生II：卖出的艺术（珍藏版）	129
90	逆向投资策略	59
91	向格雷厄姆学思考，向巴菲特学投资	38
92	向最伟大的股票作手学习	36
93	超级金钱（珍藏版）	79
94	股市心理博弈（珍藏版）	78
95	通向财务自由之路（珍藏版）	89